Le Livre de la Sérénité by Catherine Rambert

Copyright ⓒ Editions 1, Paris, 1999
Korean Translation Copyright ⓒ Jiwon Publishing Co., 2000
All rights reserved.

This Korean edition was published by arrangement with
Editions 1 (Paris)
through Bestun Korea Agency Co., Seoul

이 책의 한국어판 저작권은 베스툰 코리아 에이전시를 통해
저작권자와의 독점계약으로 도서출판 지원 북클럽에 있습니다.
저작권법에 의해 한국 내에서 보호를 받는 저작물이므로
무단전제와 무단복제를 금합니다.

톡톡 튀는 1318 세대를 위한 삶의 지혜 시리즈

격언

김미연 옮김

지원클럽

톡톡 튀는 1318세대를 위한
삶의 지혜시리즈 **격언**

초판인쇄일 2001년 1월 10일
초판발행일 2001년 1월 15일

기획/한성출판기획
옮긴이/김미연
펴낸곳/도서출판 지원클럽
펴낸이/김철수

주소/서울시 마포구 상수동 231번지 호수빌딩301호
전화/(02)322-9822~5 · 팩스/(02)322-9826
출판등록/제 10-1371호 1996년 12월 3일

값 6,000원

ⓒ2001, Printed in korea
* 잘못 만들어진 책은 바꾸어 드립니다.

ISBN 89-86717-61-1 (03800)

머리말

디드로가 이르기를 "인간에게 단 하나의 의무감이 존재한다면, 그것은 행복하게 사는 것"이라 했다. 그러나 누가 진정 "행복"의 의미를 이해하겠는가? 단순한 충족감을 나타내는 작은 기쁨과 같은 감정이라 할 수 있을까? 아니면 그리 불행하지 않은 정신 상태라 할 수 있는 것일까?

그렇다면 마음이 평온한 상태를 두고 행복한 것이라 이를 수 있을까? 라루스의 정의에 따르면 평온함이란 불안하지 않은 평화로운 정신 상태에서 생기는 고요한 감정이라 했다. 주어진 상황에 만족하고 자신의 운명을 따르고, 가능한 한 좋은 결과를 끌어내려고 노력하는 것, 다시 말해 차분하게 살아가는 인생을 뜻하는 것이라 했다.

"네가 원하는 바대로 모든 일이 이루어지기만을 바라지 말고 일어나는 일들을 있는 그대로 받아들이려고 노력하라. 그러면 넌 행복해질 것이다."

가중한 학대를 받는 노예 신분이었던 에픽테토스란 그리스의 철학자는 자신이 처한 불행한 운명 속에서도 행복을 느끼며 이와 같은 말을 남겼다고 한다.

이 책 안에 모여 있는 수많은 철학자들이 남긴 말들을 통해서도 알 수 있듯이, 마음속의 평온함이란 끊임없는 지적 탐구와도 같은 것이다. 우리 모두는 우리의 인생에서 맞게 되는 근심과 어려움 속에서도 늘 평온한 삶을 살기만을 갈망한다. 이 책 안에 소개되어 있는 수많은 철학자들과 사상가들을 통해 우리는 이 단어의 의미를 더 깊이 배울 수 있을 것이다.

그들이 남긴 격언들을 통해 우리는 행복에 대한 지적 탐구를 해나갈 수 있을 것이다. 그리고 생텍쥐베리, 알랭, 그리고 지오노와 함께 그라시앙, 세네카, 에피쿠로스, 이솝, 공자, 노자, 파스칼, 마르쿠스 아우렐리우스, 라 로슈푸코, 샹포르, 마담 뒤 샤틀레, 라이너 마리아 릴케, 오스카 와일드도 우리의 현실적인 관심에 있어 매우 큰 비중을 차지하게 될 것이다.

흐르는 시간과 삶의 의미에 대한 격언들이 우리가 평온함이라 이르는 행복한 상태에 이르도록 도와줄 것이다. 따라서 우리가 갈망하는 삶의 방식 또한 이 책 안에서 배울 수 있을 것이다.

이 글을 여러 번 반복하여 읽는 동안, 우리는 수많은 글을 남긴 저자들 역시 그들의 지혜에도 불구하고 우리와 매우 흡사한 고민거리와 근심거리를 안고 살았다는 것을 깨닫게 될 것이다.
이 책을 손에 든 순간, 이미 여러분은 평온함 속에 푹 파묻히게 될 것이다.

차례

1부
삶의 지혜로서의 평온함에 대하여

자기 자신과 조화를 이루며 살아가기 · 13
솔직함에 대하여 · 24
마음의 평온함 · 38
베풀며 살아가기 · 48
초탈의 미덕 속으로 · 56
흐르는 시간을 받아들이기 · 67
자신의 잘못을 고칠 줄 알기 · 78
선택 · 83

2부
삶을 풍요롭게 하는 평온함의 미덕

사랑 · 89
우정 · 97
관대함 · 107
사회 생활 · 118
가족 · 127

3부
시련 속에서 평온함을 느끼는 방법

고난을 극복하기 · 131
두려움을 극복해 내기 · 136
불행과 슬픔을 이겨내기 · 139
죽음을 받아들이기 · 144
갈등에서 빠져 나오기 · 152
악의, 속됨, 배신을 방지하기 · 154
속됨에 대하여 · 159
배신에 대하여 · 160
남을 시기하지 않기 · 163
타인의 죄를 용서하기 · 167
깨지기 쉬운 것들을 지각하기 · 170

4부
나, 너, 그리고 평온함의 질서에 대하여

받아들임에 대하여 · 175

자기 자신을 사랑하기 · 181

평온함에 대하여 · 187

신뢰에 대하여 · 197

자각심에 대하여 · 199

용기에 대하여 · 207

기분이 좋아지는 법 · 218

겸손과 중용 · 221

예의에 대하여 · 229

신중함에 대하여 · 231

건강에 대하여 · 235

지혜로움에 대하여 · 238

침묵에 대하여 · 245

진실함에 대하여 · 247

현실에 대하여 · 250

인명록 · 257

1부
삶의 지혜로서의 평온함에 대하여

자기 자신과 조화를 이루며 살아가기

인생의 목적은 자기 발전에 있다. 태어나서 자아 실현을 이루어 가는 것, 이것이 바로 우리 모두가 이 땅에 존재하고 있는 의미이다.

오스카 와일드, 〈잠언집〉

♥

자신의 이상에 가까이 다다른 사람은 이미 그것을 실현한 것과 다름없다.

니체, 〈선악의 피안〉

♥

얼마나 오랜 시간이 흘러야 당신이 하는 모든 일을 자신감과 소신을 가지고 해 나갈 수 있을 거라 생각하는가?

에픽테토스, 〈에픽테토스 개론〉

♥

당신이 최선이라고 생각하는 일을 신이 당신에게 위임한 일이라 생각하고 그대로 밀고 나가라. 끈기를 가지고 추진해 나가면 처음에는 당신을 비웃던 이들도 나중에는 당신을 존경하게 될 것이다. 그러나 당신이 일을 중도에 포기해 버리고 낙담해 버린다면 당신은 타인들로부터 두 배의 놀림을 받게 될 것이다.

에픽테토스, 〈에픽테토스 개론〉

♥

인생에서 가장 중요한 일은 자신에게 맞는 목표를 정하여 이를 포기하지 않고 끝까지 밀고 나가는 것이다.

크리스틴 드 스웨드, 〈잠언집〉

♥

당신에게 현재 어떠한 일이 주어졌을 경우, 부수적인 것에 구속받지 않고 자신의 판단력에 따라 열정과 호의를 가지고 그 일을 계속 수행한다면 행복해질 것이다.
당신의 내면에 숨겨져 있는 당신만이 가지고 있는 재능을 잘 활용하기만 한다면, 또 당신에게 주어진 일에 대해 주저하거나 회피하지 않고 애착을 갖는다면, 그리고 주어진 상황에 스스로 만족하고 스스럼없이 결단성 있게 말하고 행동할 수만 있다면 행복해질 수 있을 것이다. 그 결과, 당신이 하는 일에 반하는 행동을 하는 이 또한 한 명도 존재하지 않게 될 것이다.

마르쿠스 아우렐리우스, 〈잠언집〉

♥

양심도 없는 자가 머리로만 하늘을 경외시하는 것이 무슨 소용이 있겠는가?

중국 격언

♥

자신의 발등에 돌이 떨어졌는데 어찌 별을 보며 유유히 걸어갈 수 있겠는가?

중국 격언

♥

과오를 범하고도 이를 고칠 줄 모르는 것이 진정한 과오이다.

공자

행복한 사람은 자신이 좋은 운을 타고났다고 스스로 생각할 줄 아는 사람이다. 어떻게 보면 동양적인 색채가 짙은 표현일 수도 있는 '운이 좋다'는 표현은 어떤 일을 하는 데 수반되는 경향이나 작용이 이롭게 나타나는 현상이라 이를 수 있다.

마르쿠스 아우렐리우스, 〈잠언집〉

행복한 사람은 자신만의 올바른 판단력을 가지고 현재 자신에게 주어진 운명을 만족스럽게 받아들여 자기 것으로 소화해낼 줄 아는 사람이다. 다시 말해, 행복한 사람이란 자신이 하는 모든 일에 자신의 가치를 부여할 줄 아는 사람이다.

세네카, 〈행복한 삶〉

행복해지기 위해선 자신이 한번 내린 판단에 대해 후회하거나 걱정하는 일이 없어야 할 것이다.

세네카, 〈행복한 삶〉

기초가 탄탄한 집은 결코 무너지는 법이 없다.

리위킹

몸이 바로 서 있는데 어찌 그 그림자가 뒤틀려 있을 수 있겠는가.

중국 격언

바닥을 깨끗이 닦는 것이나 자신의 마음을 깨끗이 정화하는 것은 그 이치가 같다.

중국 격언

행복은 소음을 만들어내지 않는다. 그리고 소음은 행복을 만들어내지 않는다.

중국 격언

행복하다는 것은 고결하고 용감하고 끈기 있는 자세로 자신의 생각을 끝까지 밀고 나갈 줄 아는 것을 이른다. 늘 자신만이 불행하다는 생각을 갖지 않고, 최상의 선에 대한 값어치를 실추시키거나 부풀리지 않으며, 자신에게 다가오는 행복에 어떠한 조건도 달지 않아야 할 것이다. 따라서 행복해지는 제1의 비결은 언제나 쾌활함을 잃지 않고 늘 자신이 행복하다는 생각에 젖어 사는 것이라 할 수 있다. 행복은 자신이 처해 있는 상황에서 그 이상의 것을 바라지 않고 그에 만족해 할 때 조용히 찾아오는 것이다.

세네카, 〈행복한 삶〉

행복해지는 수많은 비결 중 하나는 자신의 욕구를 절제하고 우리에게 속해 있는 것들을 사랑할 줄 아는 것이다. 늘 행복하기를 바라는 우리의 본성(여기서 말하는 본성이란 어떠한 조건도 수반되지 않는 본능과 같은 것이다)은 우리가 처해진 상황에 따라 달라지는 것이 아니라고 나는 말하고 싶다. 행복은 우리의 정신 속에 잠재해 있는 본성을 슬기롭게 억제하여 나름대로의 만족감을 느낄 때만 얻어지는 것이다. 따라서 현재를 살아가는 우리는 너무 무리하지 않는 한도 내에서 얻을 수 있는 것들만을 바랄 줄 알아야 할 것이다. 우리가 소유하고 있는 것들을 사랑하고 이를 즐길 줄 알며, 자신의 상황에서 찾아볼 수 있는 장점들을 만끽하고, 너무 과한 욕심을 부리지 않으며, 자기 자신의 것을 잘 다듬어 가능한 한 최선의 것을 이끌어 내보려고 노력하는 것, 우리는 이러한 것을 행복이라 이를 수 있을 것이다.

가장 행복한 사람은 변함없이 자신의 상황에 만족할 줄 아는 사람이 아닐까 하고 나는 생각해 본다.

마담 드 샤틀레, 〈행복에 대한 담화〉

♥

마음이 평온한 사람은 자신에게 근심을 주는 일에는 덜 관여하고 자신의 능력 밖의 것을 과도하게 바라지 않는 사람이다. 그러나 자신의 운명이 의도하는 바와 다르게 나타나거나 불가항력일 때를 대비해서 방어자세를 취할 필요는 있을 것이다. 결국 되도록 자신의 힘에 부치지 않는 일에 전념할 줄 알되, 우리의 어깨에 짊어질 짐이 자신에게 무리한 것이어서는 안 된다는 사실을 결코 잊어서는 안 될 것이다.

데모크리트

♥

마음이 평화롭고 고요한 것, 우리는 이를 행복이라 이른다.

중국 격언

♥

너무 멀리 보는 사람은 자신 앞에 펼쳐져 있는 초원을 보지 못하는 법이다.

인도 격언

♥

인생을 살다보면 완벽한 자기 자신의 삶을 살 것인가, 아니면 우리를 유혹하는 감언에 휘말려 품위를 떨어뜨리고 속이 빈 허울뿐인 존재로 질질 끌려가는 삶을 살 것인가 하는 문제를 선택해야 하는 시기가 반드시 찾아올 것이다.

오스카 와일드, 〈잠언집〉

♥

우리는 우리가 상상하는 만큼 행복하지도 불행하지도 않다.

라 로슈푸코, 〈잠언집〉

행복의 가장 기본을 이루는 요소는 건강이며 그 다음으로 중요한 요소는 생계 수단이고 그 다음으로 중요한 요소는 근심 없이 사는 것이다. 우리가 추구하는 명예나 화려함, 능력, 영광은 행복을 이루는 기본적인 요소에 끼지도 못하는 것들이다. 필요에 따라, 우리는 이러한 류의 요소들을 다른 것들과 바꾸기를 전혀 주저하지 않는다.
우리가 행복해지기 위해 궁극적으로 필요한 것은 현재 자신의 삶이 타인들에 의해 좌지우지되지 않도록 자기 자신이 소신껏 사는 태도일 것이다. 물론, 건강한 육체와 지적 능력, 기본적인 생계비, 여자, 아이들, 집 등이 그 기본 요소로 따라줘야 한다는 사실은 백 번 강조해도 지나침이 없을 것이다. 우리의 환상이 우리를 불행하게 한다는 사실을 결코 잊어서는 안 될 것이다.

쇼펜하우어, 〈지혜로운 삶에 대한 격언〉

달이 이지러지기 위해선 만월이 되어야 하듯, 물이 가득 차야 밑으로 흘러내릴 수 있는 법이다.

중국 격언

날씨가 나쁜 건 대비할 수 있지만 재난이 닥쳐오는 건 그 누구도 피해 갈 수 없는 법이다.

중국 격언

장미에게 가시가 필요한 건 장미를 꺾지 못하게 하기 위함이다.

중국 격언

바닥의 작은 틈이 배를 침몰시킨다.

중국 격언

♥

자신이 행복하다고 생각하는 사람이 가장 행복한 사람이다.

크리스틴 드 스웨드, 〈잠언집〉

♥

사는 법을 안다는 것은 살아가는 지혜를 알고 있다는 것을 뜻한다.

그라시앙, 〈조신〉

♥

사실 생명이 있는 모든 것들은 천성적으로 도망가기를 좋아하여 자신에게 해로울 것 같거나 그럴 소지가 있어 보이는 일에 대해서는 꽁지를 보이며 달아나 버리는 경향이 있다. 그러나 반대로 자신에게 이로워 보이는 일에 대해서는 만사를 제치고 열성적으로 쫓아다니는 경향이 있다. 따라서 자신에게 불이익을 가져다주는 이에게 잘 대해 주는 일은 인간에게 천성적으로 불가능한 일이라 할 수 있을 것이다.

에픽테토스, 〈에픽테토스 개론〉

♥

우리가 살아가는 데 단 한 가지의 의무가 존재한다면 그것은 행복해지는 것이다.

디드로

♥

행복은 아주 작은 일에 주의를 기울이는 데서 찾아오고, 불행은 아주 작은 일을 무시하는 데서 찾아온다.

리우—히앙

행복에 이르는 데에는 몇 가지 규칙이 작용한다. 논리적으로 따져보면, 행복은 늘 우연히 찾아오는 것이 아니라 어떠한 요소들이 작용하고 있다는 사실을 알 수 있다. 어떠한 이들은 자신 앞에 놓여진 운명에 만족하며 행복의 문턱에서 행복이 자신에게 찾아오기만을 기다리지만, 어떠한 이들은 자신의 열정과 장점을 최대한 살려 더 능동적으로 대처해 나가 행복이 찾아오기만을 기다리지 않고 언젠가는 찾아올 자신의 행복을 두 손으로 거머쥔다.

철학상의 문제에 대해 잘 사색하는 데에는 특별한 응용력이나 기운을 지닌 지배자가 존재하는 것이 아니다. 단 한 가지, 경솔함이 불행한 삶의 원인이 되고 신중함이 행복한 삶의 원천이 된다는 것만 알면 되는 것이다.

그라시앙, 〈조신〉

♥

고요한 강의 가장자리에 이는 물결이 잘 보이는 법이다.
중국 격언

♥

바람이 일지 않으면 나뭇가지도 움직이지 않는 법이다.
중국 격언

♥

습관은 타고나는 것이다.
중국 격언

♥

떨어진 나뭇잎이 다시 그 나무의 뿌리를 이룬다.
중국 격언

사는 데에는 달리 방법이 있는 것이 아니다. 그냥 살도록 내버려두면 되는 것이다.

그라시앙, 〈조신〉

♥

무엇이 인간의 행복을 결정해 주는가? 인간의 행복은 타고나는 것이다.

세네카, 〈신의 섭리〉

♥

모든 얼간이들은 고집이 세다. 또, 고집이 센 사람들은 모두 얼간이들이다. 따라서 감정이 뒤틀린 인간일수록 고집이 세기 마련이다.

그라시앙, 〈조신〉

♥

행복해지기 위한 우리의 노력은 결코 헛된 일이 아니다.

알랭, 〈행복에 대하여〉

♥

행복, 그것은 우리가 끊임없이 추구해야 할 대상이다.

쥘르 르나르, 〈일기〉

♥

지금 이 순간, 당신의 행복을 느껴 보라. 이 순간은 당신의 몫이다.

카얌, 〈4행시〉

♥

우리는 늘 우리가 실제로 행복한 것보다 덜 행복하다며 번민해 한다.

라 로슈푸코, 〈잠언집〉

♥

당신이 갖고 있는 작은 장점을 소중히 여기고 그것을 최대한 살리도록 노력하라.

마르쿠스 아우렐리우스, 〈명상록〉

♥

선을 행하는 일보다 더 행복한 일이 무엇이겠는가.

중국 격언

♥

타인에게 도움을 주는 행동은 결과적으로 자신에게 유익한 결과를 낳게 되어 있다.

중국 격언

♥

수치심의 의미를 아는 자가 진정한 용기의 의미도 아는 법이다.

중국 격언

♥

선행과 악행에는 그에 따른 상벌이 주어진다. 그러나 기대를 하면 절대 주어지지 않는다.

중국 격언

♥

내세에서나 느껴볼 수 있는 광막하고 거역할 수 없는 고요함 속에서의 삶. 내키는 대로 때로는 정열적으로 때로는 그렇지 않게 열정이라는 마차에 몸을 실어 말이나 당나귀를 타듯, 열심히 자신의 열정을 불태우는 과정에서 우리는 자신의 어리석음이나 무모함을 배우게 된다. 한없이 관대한 마음으로 살아가야 할 이 세상에서 때로는 검은 안경을 낄 필요도 있을 것이다. 그래야만 사람들이 우리의 마음을 그대로 담아내고 있는 우리의 두 눈을 유심히 관찰하지 못할 테니까. 아이러니컬한 이 세상을 즐겁고 신중하게 살아가는 생활 속에서 우리는 용기와 명철함, 경험적 직관, 고독이라는 네 가지 덕목을 배우게 될 것이다.

니체, 〈선악의 피안〉

♥

활동적인 삶은 행복의 필수 불가결한 요소이다. 따라서 인간은 활동을 해야 한다. 자신의 능력에 맞는 일을 선택하여 때로는 무언가를 배워야 할 필요도 있을 것이다. 자신이 하려는 일이 필요한 것이라면 말이다. 그 결과, 그에 따른 결과의 산물을 보게 될 것이다.
이러한 관점에서 보면 인간의 가장 큰 만족감은 무엇인가를 이루어갈 때, 작은 예를 들어 바구니나 책 등을 만들어갈 때 생기는 것이다. 그러나 이는 순간적인 행복에 지나지 않는 일인지도 모른다. 자신의 손으로 직접 작품을 만들기 시작하는 날부터 완성되는 순간까지만 느껴볼 수 있는 것이기에. 그렇긴 하지만, 이러한 하나의 예술 작품이나 책, 또는 간단한 수예품들은 모두 인간에게 즐거움이란 선물을 안겨준다. 또한, 그 일의 성격이 고귀하면 고귀할수록 행복감 역시 높아진다.

쇼펜하우어, 〈지혜로운 삶에 대한 격언〉

♥

솔직함에 대하여

장신구나 가장된 것으로 잔뜩 꾸미지 않은 자기 자신의 모습으로 남아 있는 것, 있는 그대로를 자신 있게 말하고, 자신이 생각하거나 믿는 바를 조용하고 단호하게 주장할 줄 알며, 외관을 중요시하지 않고 가면을 쓰거나 속마음을 감추지 않는 자신의 진실함을 그대로 보여주는 삶. 이것이 바로 우리가 추구해야 할 진정한 삶의 모습이다.

자기 자신과 타협하며 살아가는 법에 대해 논한 철학자들은 바로 이러한 삶의 모습을 가장 이상적인 삶이라 했다. 마르쿠스 아우렐리우스가 말한 대로 "가장 빠른 지름길을 향해" 가는 일은 매우 중요한 일이다. 우리는 솔직하게 행동하거나 말할 때 평소보다 더 평온해지는 행복감을 맛볼 수 있다. 자기 자신과 조화를 이루어 가는 과정 속에서 우리는 마음이 가벼워지는 걸 느끼게 된다. 그러나 또 한편으로 보면 오늘날을 살아가면서 솔직해지기 위해선 용기가, 그것도 대단한 용기가 필요하다는 주장은 너무도 역설적이지 않은가?

"꾸밈없이 솔직해지기 위해선 부단한 노력이 요구된다." 로슈푸코가 남긴 격언이다. 사회 생활을 하거나 친구들과 어울릴 때도 늘 솔직해야 한다. 흔히 우리와 동떨어진 너무도 다른 부류의 사람들 앞에서 우리의 욕망은 커지게 마련이다. 그래서 사회라는 무대에서는 거짓의 가면을 한 꺼풀씩 쓰는 게 당연시되어온 것이 아닌가 싶다. 그러나 이러한 하찮은 허울뿐인 가면이 타인들을 속일 수 있을지는 의문이다.

솔직함, 그것은 물질적인 풍요로움으로 얻어질 수 있는 행복감과는 거리가 먼 것이다. 화려한 집이나 자동차, 현금과 같은 물질적인 것들을 수중에 넣게 된다면 물론 기분은 좋아지겠지만 이러한 것들에 너무 집착하게 되면 우리 자신을 잃고 우리의 존재에 대한 의미조차 간과하게 될 위험에 빠지게 될 것이란 사실을 잊어서는 안 될 것이다.
카트린 랑베르, 〈마음에 평온함을 가져다주는 책〉

아무리 긴박한 경우라도 침착하고 차분하게 안정을 되찾도록 노력하라. 정신을 바짝 차리고 모든 사람들에게 호감을 주는 또박또박한 말투로 가능한 한 당신의 진실된 모습을 보여줄 수 있는 이야기를 하라. 그리고 아무리 대수롭지 않은 말이더라도 다른 이들의 말을 경청해 주도록 하라. 이들에게도 당신에게 들려주고 싶은 이야기가 있다는 사실을 잊어서는 안 될 것이다.

사적인 감정으로 흥분하는 일은 절대 금물이다. 타인의 자존심을 상하게 할 수 있기 때문이다. 그리고 절대 다른 사람과 자신을 비교하지 말라. 자신을 너무 비하하거나 자만심에 빠지게 될 우려가 있다. 늘 남의 것이 자신의 것보다 커 보이거나 작아 보이는 법이다.

무슨 일을 계획할 때는 그 일을 완성했을 때에 맛보게 될 즐거운 기분으로 진행하도록 하라. 그리고 당신이 하는 일이 아무리 하찮은 일 같아 보이더라도 늘 애착을 가져라. 그래야 후에 성취감을 맛볼 수 있다.

당신이 하는 일에 늘 신중을 기해라. 세상은 결코 당신에게 만만한 존재가 아니다. 그리고 덕행과 관련된 일에 눈이 멀어서는 안 될 것이다. 허황된 이상에 사로잡혀 자신이 영웅이라도 된 듯 생각하는 이들도 많을 것이다.

늘 자신의 중심이 흔들려서는 안 된다. 특히 감정에 연연해서는 안 될 것이다. 또한 사랑 앞에서 목을 매어서도 안 된다. 사랑에 한번 푹 빠지게 되면 헤어 나오기 힘든 법이다.

당신의 청춘을 바친 시절과 관련된 충고를 할 때는 겸손해야 한다. 그리고 언제 닥쳐올지 모를 시련을 이겨내기 위해선 정신을 단련해 둘 필요가 있다.

공상에 잠겨 우울해 하지 말라. 알 수 없이 밀려오는 두려움은 당신을 피곤하게 하고 외롭게 할 뿐이다.

공정한 징계에 대해서는 순순히 응해라.

당신은 이 세상에 존재하는 나무나 별 같은 존재보다 훨씬 중요한 피조물이다. 따라서 당신이 이곳에 머무를 권한이 있는 것이다. 당신이 원하건 원하지 않건 상관없이 이 세상은 예정대로 흘러가게 되어 있다. 신과 함께 이 세상의 평화로움을 느껴 보라. 당신이 신에 대한 어떠한 개념을 갖고 있든지, 또 당신이 이루고자 하는 바가 무엇이든지 간에 무질서하고 시끄러운 이 세상을 평온하게 살 필요가 있을 것이다.

세상을 살아가다 보면 뜻하지 않은 위험이나 진절머리나는 일로, 혹은 꿈이 좌절되어 절망하는 경우도 더러는 생기지만 그래도 이 세상은 살아볼 만한 가치가 있다. 주위를 세심히 살펴 보라. 곳곳에 행복이 묻어나 있는 것을 느낄 수 있을 것이다.

1692년 발티모어의 한 교회에 남아 있는 익명의 글

독불장군이 되지 않도록 유의하고 조금이라도 이러한 분위기에 물들지 않도록 주의하라. 세상을 살아가다 보면 자신도 모르는 사이에 독재자가 되어 있는 수가 많다. 그러니 늘 순수하고 선하고 고상하게 행동하고 일을 추진할 때 정의롭고 경건하고 관대하게 행하도록 하라. 그러나 당신의 견해에 반대하는 이에 대해서는 맞서 대항할 줄도 알아야 할 것이다.

여러분 모두 앙토넹이 주장한 바대로 실천해 보도록 하라. 그는 변함없이 모든 상황에 경건한 마음으로 이치에 맞게 행동하도록 노력하고, 얼굴에는 늘 평온함을 유지하며 관용을 베푸는 마음으로 헛된 영화를 꿈꾸지 말아야 한다고 주장했다. 또 모든 일을 처리하는 데 열정을 가지고 행하되 늘 신중을 기하라 했다.

마땅히 받아야 할 비난에는 맞서지 말고 묵묵히 감수할 줄도 알아야 할 것이다. 일을 할 때 언제나 서두르지 말고 차근차근 세밀히 검토한 다음 모든 문제를 해결하고 남을 중상하지 말며 오만하지 않되 소심하지 않으며 남을 불신하거나 거만한 태도를 보여서는 안 된다 하였다.

스스로에 대해 만족할 줄 알아야 할 것이다. 예를 들어 자신이 사는 집에 있는 침구나 옷, 음식, 가정 생활에 대해서 말이다. 또한 식사 시간을 제외하고는 근면하고 참을성 있게 밤이 될 때까지 자신에게 주어진 일에 전념할 줄 아는 우직함도 필요하다.

자신의 생각에 반대하는 이들에게는 아량을, 친구에게는 견실하고 변함없는 우정을 베풀도록 하라. 또한 누군가가 당신에게 아주 좋은 해결책을 제시해줄 경우에 맛보게 되는 기쁨과 맹목적인 신앙이 아닌 경건한 마음 자세로 늘 삶에 임하라. 그러면 생을 마감하는 순간, 영혼이 순수해져 있는 자신을 만나게 될 것이다.

마르쿠스 아우렐리우스, 〈명상록〉

언제나 베푸는 마음으로 당신에게 가장 필요한 일을 거침없이 행할 줄 알되 신중해야 할 것이다. 그리고 당신의 모든 시간을 이에 할애하도록 하라. 자신을 유혹하는 그 어떤 위선이나 이기주의에도 현혹되지 않으며 자신의 운명에 비관하지 않는 자만이 만족스러운 인생을 살아갈 수 있게 될 것이다. 행복하고 경건한 인생을 살아가는 데에는 달리 특별한 원칙이 필요하지 않은 법이다.

마르쿠스 아우렐리우스, 〈명상록〉

늘 가장 빠른 길로 가도록 하라. 가장 빠른 길은 자연의 원칙대로 살아가는 길이다. 이것이 바로 자연의 이치에 따라 행동하고 말해야 하는 이유인 동시에 허풍이나 과장됨 없는 진실한 삶을 살 수 있는 방법이다.

마르쿠스 아우렐리우스, 〈명상록〉

♥

당신이 늘 고통스러운 것은 당신이 어떤 일을 할 때 그 일을 수행하는 자신의 능력에 만족하지 못하기 때문이다. 그러나 당신은 모든 일을 잘 해낼 수 있는 충분한 능력의 소유자이다.

마르쿠스 아우렐리우스, 〈명상록〉

♥

행복한 삶이란 세월이 흘러가는 대로 유유히 삶을 즐길 줄 아는 삶이다. 그러나 이를 위해서 우선 선행되어야 하는 것은 정신의 건강이고 그 다음으로 선행되어야 하는 것은 육체의 건강이다. 모든 어려움 속에서도 용기와 인내심을 잃지 않고 타고난 운명에 굴복하지 않으며 침착하고 근면하게 살아간다면 우리의 삶은 윤택해져 있을 것이다.

세네카, 〈행복한 삶〉

♥

이 세상에서 당신이 취하고자 하는 모든 욕망을 버리고 현재 위치에 만족해야 할 것입니다. 그리고 이 세상에 존재하는 선과 악이라는 굴레에서 벗어나야 할 것입니다. 과감히 벗어나 이 세상을 즐겨 보시기 바랍니다. 그러나 서둘러야 할 것입니다. 세월은 우리를 기다려 주지 않습니다.

카얌, 〈4행시〉

♥

우리는 이 세상에 존재하는 시골의 한적한 곳과 두 조각의 빵을 선호해야 할 것입니다. 모든 욕망을 버리고 요행을 바라지 않으며 허황된 삶을 꿈꾸지 말아야 할 것입니다. 가슴과 영혼으로 가난함을 사 보십시오. 그리고 그 빈곤함 속에서 풍요로움을 한번 느껴보시기 바랍니다.

카얌, 〈4행시〉

♥

용감한 자는 가난을 두려워하지 않는다.

중국 격언

♥

삶의 한계를 느껴본 자는 자신의 욕망을 버리고 멋진 삶을 살아갈 줄 안다. 또한 삶과 맞서는 상황도 만들지 않는다.

에피쿠로스, 〈잠언집〉

♥

모든 욕망 앞에선 다음과 같은 질문을 해볼 필요가 있다. 내가 지금 얻고자 하는 것을 갖게 된다고 하여 내게 이익이 되는 게 무엇인가? 또 내가 지금 바라는 것이 이루어지지 않는다고 하여 내게 무슨 일이라도 생길 것인가?

에피쿠로스, 〈바티칸 궁의 격언〉

♥

먹고 마시고 입고 살아가는 데 꼭 필요한 일에만 몰두하라. 그리고 남에게 과시하거나 사치에 필요한 모든 것들은 생각하지도 말아라.

에픽테토스, 〈에픽테토스 개론〉

♥

행복은 아주 사소한 것에서 시작된다. 우리가 행복을 느끼는 순간, 마법에 걸린 듯 시간이 멈춰버린 것 같은 기분을 느낄 수 있을 것이다. 마음을 파고드는 적막감, 손에 잡히지 않는 무형의 평화로움 속에서 진정한 행복을 느껴볼 수 있을 것이다. 단 몇 초, 때로는 몇 분 동안의 쉽게 사라져 버리는 이 순간을 놓치지 말고 꽉 잡아야 할 것이다. 아무런 말도 필요 없다. 우리와 세상이 완벽히 하나를 이루는 이 만족스러운 순간을 느껴 보라. 어떠한 욕망도 논쟁도 존재하지 않는 이 순간을……. 조용히 모든 일을 멈추고 귀기울여 보라. 행복은 다른 곳에 있는 것이 아니라 지금 바로 이 순간에 있다. 자그마한 행복감을 맛보기 위해 마음을 가라앉히고 만족감을 느껴 보라. 마음이 평온해지는 것을 느낄 수 있을 것이다.

카트린 랑베르, 〈마음에 평온함을 가져다주는 책〉

발가락이나 배, 혹은 머리가 아프지 않을 때, 약속이 있는 날, 당신이 만들고 있는 다리나 책, 한 켤레의 구두가 완성되어 갈 때, 또 즐거운 시간이 계속되거나 우체부 아저씨가 친구에게서 온 편지를 건네주었을 때, 이 순간은 당신의 인생에서 가장 행복한 순간이다. 그러나 이 순간의 행복감을 느끼되 더 이상의 행복을 추구하지는 말아야 할 것이다.

조르주 L. 고도

인간은 너무 쉽게 모든 상황에 정신과 육체를 동화시킨다.

니콜라스 에반스

가족이 모여 앉아 김이 모락모락 나는 수프를 먹고 있었다. 그때 어머니가 말씀하시길,
자, 식사를 잠시 멈추고 제 얘기를 들어보세요.
우리 모두 우리가 느끼지 못하는 기쁨을 한껏 누리며 살았으면 해요.
그것이 여러분이 행복한 삶을 살아갈 수 있는 방법이니까요.

그렇게 되면 더 이상 억지로 웃을 필요도 없을 거랍니다.

펠릭스 르클락, 여명의 문 앞에서

♥

나는 학창 시절에 처음 노래하는 법을 배웠습니다.
천진난만한 아이들은 노래부르는 시간을 무척이나 좋아했습니다.
그들은 재잘대는 참새들같이 목청 높여 노래를 부르곤 했지요.
바람과 구름의 노랫말을 실어 경쾌하고 자랑스럽게 그 수업 시간을 보내곤 했답니다.

마르셀린 데보르드 발모어, 〈실을 잣는 직공과 어린 아이〉

♥

자신이 누릴 수 있는 행복을 쉽게 누리지 못하는 자가 인내심을 가지고 노력하면 더 큰 행복감을 맛볼 수 있는 법이다.

지오노, 〈행복 사냥〉

♥

공상을 떨쳐버려라. 허공을 둥둥 떠다니는 것 같은 마음을 바로잡고 현실로 돌아와라. 무엇이 당신을 혼란하게 하는지 냉정히 뒤돌아보고 그 원인을 분석해 보라. 그리고 당신이 맞이하게 될 마지막 순간을 떠올려 보라. 때로 당신이 실수를 범했다고 하여 너무 자책하지는 말라. 인간은 완전한 존재가 아니다.

마르쿠스 아우렐리우스, 〈명상록〉

♥

우정이라는 이름의 달콤한 웃음을 지어본 사람은 얼마나 행복한 사람인가. 수수한 웃음 속에서 마음이 어린아이와 같이 순수해지는 것을 느껴볼 수 있었을 테니 말이다.

칼릴 지브란, 〈예언자〉

중대한 일일수록 거짓없이 솔직히 말해야 한다. 거짓말을 하다 보면 그 일이 자신도 모르는 사이에 엉망이 되어버리기 때문이다. 사소한 일일수록 품위를 지켜 말해야 한다. 말을 하는 방식이나 어조에 따라 그 의미가 변모될 수 있기 때문이다.

라 브뤼에르, 〈인물론〉

♥

힘든 일을 많이 겪어본 이에게 안일한 삶이란 따분할 뿐이다.

라 브뤼에르, 〈인물론〉

♥

나는 아주 하찮은 일에서 느껴지는 기쁨을 좋아한다. 이것은 어려운 일에 닥쳤을 때 나를 지탱해 주는 원천과도 같은 존재이다.

오스카 와일드, 〈도리앙 그레이의 인물묘사〉

♥

우리는 사치스러운 한 시대를 살아가고 있다.

오스카 와일드, 〈잠언집〉

♥

자기 편을 만들려고 애쓰지 말고 누군가의 편이 되어주지도 말라. 그래야 인생을 담담히 살아갈 수 있다.

라 브뤼에르, 〈인물론〉

♥

우리는 헛되이 자신의 모습을 가식으로 치장하려는 경향이 있다.

크리스틴 드 스웨드, 〈잠언집〉

♥

공상에 깊이 빠지지 말라. 행복하고 현명한 삶을 사는 가장 좋은 방법은 공상을 삼가고 헛된 망상에서 빠져 나오려고 노력하는 것이다. 행복해지고자 하는 욕구가 너무 강하면 망각이라는 늪에 빠져 불행이라는 낙인을 가슴에 새긴 채 영영 불행한 삶을 살아가게 될 것이다.

그라시앙, 〈조신〉

당신이 늘 먼 길을 돌아 이르고자 하는 행복이라 하는 것은 지금 이 순간 당신이 거부하지만 않으면 두 손을 뻗어 잡을 수 있는 곳에 있다. 그러니 과거는 과거대로 묻어두고 미래는 신의 섭리에 맡기되 현재는 경건한 마음 자세로 정의롭게 살아가도록 노력해야 할 것이다. 당신이 말하는 진실을 왜곡하지 않고 자연의 법칙에 따라 행동하고 있다면 당신은 정의로운 인생을 향해 올바로 가고 있는 것이다. 악의에 물들어 남을 험담하거나 미워하는 마음이나 응어리를 가슴에 품고 있지 말고 풀어버리도록 노력하라.

마르쿠스 아우렐리우스, 〈명상록〉

인간의 척도는 인간미에 있다. 사람을 평가할 때는 겉모습보다는 속을 들여다볼 줄 알아야 한다. 그러나 외관만을 너무 중요시하는 인간들도 있다. 이러한 류의 인간들은 대부분 집안 꼴이 말이 아니다. 이들의 집을 들여다보면 현관은 궁전 같아도 내부는 가축 우리와 같은 형상일 경우가 많다. 겉모습에만 너무 치중한 나머지 다른 것에는 전혀 신경을 쓰지 못하기 때문이다. 그래서 사람을 처음 만났을 때에도 첫인사에만 너무 신경 쓰고 대화에는 전혀 신경을 쓰지 못하는 것이다. 처음에는 수다스럽게 찬사의 말을 아끼지 않다가도 시칠리아 섬의 말들이 말머리를 휙 돌려버리듯, 갑자기 과묵한 사람으로 탈바꿈해 버리게 된다. 마음에 없는 말들이 대화를 중단시키기 때문이다. 이런 이들은 자신들과 비슷한 류의 사람들에게 속기 쉽다. 그래서 분별 있는 인간을 웃음거리로 만들면서도 이들은 마음이 늘 공허해지는 것을 느끼는 것이다.

그라시앙, 〈조신〉

♥

늘 자연의 섭리에 따라 행동하며 살아야 한다. 이는 이성이 지배하고 비쳐지는 영역인 동시에 행복에 이를 수 있는 지름길이기도 하다. 이 말의 의미를 지금부터 설명하고자 한다.
우리의 품성과 타고난 자질을 덧없는 것으로 인해 잃어버리지 않고 침착하고 세심히 간직한다면, 또 피상적인 대상의 노리개가 되지 않고 자신의 의무에 충실히만 한다면, 그래서 인간의 부차적인 만족감이 우리에게 별 흥미를 끌지 못하는 대상이 되고 우리의 영혼에 유용한 대상에만 관심을 갖게 된다면, 우리는 부차적인 것에 물들어 타락하지 않고 이를 오히려 이상한 것으로 여겨 멀리하게 될 것이다. 또한 자신의 능력만으로도 모든 돌발 상황에 대처할 수 있게 되어 자기 인생을 스스로 개척해 나갈 수 있게 될 것이다. 자신감을 갖게 되어 자신이 결정한 바를 추진력 있게 밀고 나갈 수 있게 될 것이다. 그 결과 어떠한 것을 구차하게 덧붙이지 않고도 자신의 모든 행동에 행복감을 느끼는 당당한 인간이 될 수 있을 것이다.

세네카, 〈행복한 삶〉

♥

우리 모두 행복해지려고 노력하자. 선입관을 버리고, 자신이 하고자 하는 일에 열정을 가지고 임하자. 그리고 정성껏 우리의 꿈을 키워 가자. 스스로 고귀해지도록 노력하고 절대 후회하는 일은 만들지 말자.
슬픈 생각은 멀리하고 타인에 좌지우지되어 자신이 하고자 하는 바를 하지 못하게 되는 일이 없도록 하자. 허송세월을 보내지 않기 위해선 언젠간 사랑하는 이를 떠나보낼 필요도 있을 것이다. 그리고 이런 날엔 아마도 우린 행복과는 거리가 먼 감정 속에서 힘들어 해야 할 것이다.

자신의 재질을 발전시킬 수 있는 일을 계획하되 야심에 빠지지 않도록 주의하자. 그러나 무엇보다도 우리가 바라는 것을 잘 아는 것이 가장 중요하다. 우리가 인생에서 가고자 하는 길을 잘 선택하여 그 길에 꽃의 씨앗을 뿌려보자.

마담 드 샤틀레, 〈행복에 대한 담화〉

♥

철학자이자 작가이며 로마의 정치가였던 세네카는 스토아 학파의 위대한 사상가 중 한 명이었다. 우리와 그를 갈라놓는 수세기의 세월에도 불구하고 그의 수많은 작품들은 현대에도 높이 평가되고 있다.

세네카의 사상은 단순한 설교가 아닌 '살아가는 법을 배우는 것'이라 할 수 있다. 확실히, 우울한 마음은 호화로운 삶을 영위했던 세네카가 끊임없이 주장했던 원칙들의 대상에서 늘 제외되는 것이었으며 아무런 가치도 없는 것이었다. 이는 또한 스토아 철학이 가끔 에피쿠로스 학파의 성격을 띠는 근거이기도 하다. 이러한 혼합된 장르는 그가 남긴 재치 있는 글에 인간미를 부여해 주었다. 그의 작품인 「신의 섭리」,「마음의 평온함 속으로」,「짧은 인생에 대하여」,「행복한 삶」,「현인의 의연함」은 그의 사상을 현실화하기 위해서 여러 번 읽어볼 필요성이 있을 것이다.

'좀더 나은 존재'에 대한 그의 지적 탐구는 우리와 밀접한 관계를 맺고 있는 사상이다. 세네카는 그가 살았던 시대의 부당한 것들에 대한 인간적 고뇌를 자각하고 있었으며 그의 개론 또한 만족스러운 이론으로 취급되지 못했다. 그러나 사려 깊고 실리적인 사고가 기반에 깔려 있던 그의 이론은 각 개인의 마음을 사로잡을 수 있는 것이었다. 세네카의 작품은 의식을 일깨워 주는 동시에 젊음의 원천과도 같은 것이었다.

세네카가 말하는 행복에 이르는 법

♥

우리는 검소한 생활(검소한 생활을 하지 않는다면 아무리 막대한 재산을 가지고 있더라도 밑 빠진 독에 물 붓는 격이 되어 버린다)을 몸에 익혀 분수에 맞는 삶을 살아야 할 필요가 있다. 특히, 이러한 습관은 우리 자신의 사고에 달려 있는 것이다. 따라서 가난함은 검소한 생활이 몸에 배어 있는지의 여부에 따라 가난함으로 또는 부유함으로 바뀔 수 있는 것이다.

모든 허영심을 버리고, 자신을 돋보이게 하는 것이 아닌, 실용적인 것에 가치를 두는 습관을 몸에 익혀야 할 것이다. 우리는 허기를 채우기 위해 밥을 먹고, 갈증을 해소하기 위해 물을 마셔야 할 것이다. 걷기 위해 다리를 쓰는 법을 배워야 할 것이며 입고 먹는 것에 대해서는 유행을 좇지 말아야 할 것이며 조상 전래의 풍습에 따르도록 노력해야 할 것이다.

자신을 더 잘 다스리도록 노력하고 과욕을 부리지 말아야 할 것이다. 허영심을 억제해야 할 것이며 급한 성미는 되도록 가라앉혀야 할 것이다. 가난을 걱정스러운 것으로 생각하지 말고 검소함을 몸에 익혀야 할 것이다. 본능적인 욕구를 충족시키고자 하는 이들이나 현실에서 미래를 향한 넘쳐나는 의욕에 얽매여 사는 이들, 또 늘 더 많은 재산을 소유하고자 하는 이들만큼 딱한 이들도 없을 것이다.

예상치 않은 운명이 우리를 습격해 올 때를 대비하여 스스로를 보호할 필요성이 있다. 폭풍우가 몰아치는 바다에서 돛을 펼친다면 결코 폭풍우를 피해갈 수 없을 것이다. 따라서 타격을 피하기 위해선 활동 분야를 좁혀볼 필요가 있다.

한편, 큰 재앙은 때로는 약이 될 수도 있다. 아주 불쾌한 일은 이보다 더 견딜 수 없이 불쾌한 일에 의해 무마될 수 있기 때문이다. 누군가가 마음을 따뜻하게 치유해줄 수 있는 조언을 해주는데도 이를 충분히 새겨듣지 못한다면 어떻게 달리 가난이나 오명 혹은 파멸을 극복해 나갈 수 있겠는가? 악은 악으로 다스려야 한다. 따라서 수많은 이와 파티를 하며 만찬을 즐기게 되기를 바라지 말고 우리가 거느린 노예의 수가 많아지기를 바라지 말며 자신의 분수에 맞는 옷을 입고 자그마한 집에 사는 것에 만족할 줄 알아야 할 것이다. 단순한 경주나 곡마단의 연기가 아닌, 삶이라는 무대 안에서 줄 하나를 잡고 선회를 해야 하는 우리네 인생은 얼마나 어려운 일인가.

문화 생활에 필요한 지출 역시 문화의 고귀한 성격에만 치우치지 않고 절도 있게 사용되었을 때만 정당화될 수 있을 것이다. 살아 있는 동안 그자신이 산 책의 제목도 다 읽기가 버거울 정도로 책이 많다면 많은 돈을 들여 산 수많은 책이 무슨 소용이 있겠는가? 자신이 소화해 내지도 못할 정도의 책으로 인해 교양도 쌓지 못하고 정보도 얻지 못한 채, 마음만 무거워지는 것보다는 자신이 충분히 읽는 데 몰두할 수 있는 제한된 수의 책만을 사서 읽는 편이 훨씬 유익할 것이다.

세네카, 〈마음의 평온함에 대하여〉

♥

마음의 평온함

당신은 알고 있는가? 어떤 이들은 늘 행복해만 보이는데 그 이유가 무엇인지 말이다. 그것은 뜻밖의 사고나 문제점들이 이들을 붙들어 놓지 못하기 때문이다. 이들이 남달리 특출나거나 부자여서가 아니라 스스로 불행해지지 않도록 하는 그들만의 방식을 가지고 있기 때문이다.

이들은 모든 상황에서 늘 긍정적인 면만 보려고 노력한다. 인생의 역경에 처했을 때도 늘 미소를 짓고 어깨를 한번 으쓱하고 넘어가는 이들의 삶의 방식을 우리는 꾸밈없는 행복이라 부른다. 자신을 흔들어 놓는 일들에 대해 별로 대수롭지 않게 여기는 이들은 연못에 던진 돌멩이 하나가 만들어 내는 소용돌이 정도의 충격을 잘 소화해낼 줄 안다.

"내 경우를 비추어 보면, 내가 원하기만 하면 모든 일은 내 생각대로 잘 풀려나갔다." 에피쿠로스는 우리를 언짢게 하는 모든 일들이 잘 살펴보면 대부분 우리가 중요성을 부여할 만큼 가치 있는 일도 아니며 우리에겐 아무런 교훈도 주지 못하는 것들이라는 사실을 깨달을 수 있을 것이라 했다. 따라서 하나의 실패를 두고 자신을 한탄하기보다는 인생을 살아가는 데 필요한 경험을 쌓았다고 여길 필요가 있을 것이다. 늦었다고 생각했을 때가 가장 빠른 시기인 것이다. 그러니 고난을 인생의 공부로 받아들여라. "무수한 작은 실패들이 커다란 성공을 이끌어 낼 수 있는 법이다"라는 중국 격언도 있지 않은가. 이 점을 염두에 두고 앞으로 다가올 좋은 일들에 대한 확신을 가져보기 바란다.

현실적으로 중요하지도 않은 문제는 그냥 흘러가도록 내버려두어라. 힘들어 할 가치도 없는 일을 가지고 고민하지 않는 융통성도 살아가는 데 필요할 것이다…….
그리고 스스로에게 주문을 걸어보자. "별로 대수롭지 않은 일이니 잘 될 거야." 마음이 한층 더 평온해지지 않는가!

카트린 랑베르, 〈마음에 평온함을 가져다주는 책〉

♥

모든 일이 당신 뜻대로 되기만을 바라지 말고 있는 그대로 흘러가도록 내버려두어라. 그러면 당신은 행복해질 것이다.

에픽테토스, 〈에픽테토스 개론〉

♥

나에게 행복이란 내가 원하기만 하면 늘 그 자리에 있는 것이었다. 따라서 모든 고난이나 역경은 내가 마음먹기에 따라 행복한 일로 바뀔 수도 있는 것이다.

에픽테토스, 〈에픽테토스 개론〉

♥

인간의 마음을 움직이는 것은 어떠한 상황이 아니라 그 상황에 대한 자신의 마음 자세이다

에픽테토스, 〈에픽테토스 개론〉

♥

쇠똥이 교리보다 유용하다. 비료로라도 쓸 수 있으니까.

마티오

♥

철학은 다음과 같은 사항을 그 내용으로 한다. 늘 즐거운 일이나 슬픈 일에 구애받지 않고 자신의 마음이 상하거나 불편하지 않도록 하는 데 전념하는 것. 즉 거짓이나 위선으로 이루어지는 일은 하나도 없으니 남이 무슨 일을 하건 안 하건 절대로 집착하지 말며, 자신과 관련된 모든 일을 억지로 거스르려 하지 말고 물이 흐르듯 흘러가도록 하는 것. 그리고 무엇보다도 자신과 분리되어 있는 각기 다른 개인과 자신을 비교하지 말고 평온한 마음으로 죽음을 맞이할 때까지 의연히 살아가는 것을 이른다. 이와 같이만 한다면 각 개인이 부단히 변모하는 것은 하나도 걱정할 만한 일이 아닐 것이다. 왜 사람들은 자신이 변하는 것을 걱정스럽게 생각하는 것일까? 이것은 바로 자연의 섭리이다. 따라서 자연의 섭리에 따라 행하면 문제될 것이 하나도 없을 것이다.

마르쿠스 아우렐리우스, 〈명상록〉

♥

우리를 행복하고 불행하게 하는 것은 현실적 상황이 아니라 바로 우리 자신이다.

쇼펜하우어, 〈지혜로운 삶에 대한 격언〉

♥

모든 면에서 완벽한 인간은 다른 수많은 이들과 구별되는 그만의 특별한 재능을 가지고 있다. 이런 사람은 친구들에게 마음을 터놓고 말하면서 더할 나위 없는 행복감을 느낀다. 그리고 다양한 사람들과 완벽한 조화를 이루며 인생의 참 맛을 느낀다.
자신의 좋은 면을 서로 주고받을 줄 안다는 것은 대단한 재주이다. 이러한 본성은 인간 내면과 그의 가장 훌륭한 작품에서 형성되는 것이기에 세상 사람들이 표현해 놓은 예술 작품에 인간의 마음이 그대로 드러나 있는 것이다.

그라시앙, 〈조신〉

삶을 바라보는 인간의 방식은 그의 운명을 결정한다.

알베르 슈바이처

♥

인간의 행복과 불행은 타고난 운보다도 그의 기질에 의해 좌우되는 것이다.

라 로슈푸코, 〈잠언집〉

우리가 어떻게 손써볼 수 없는 속수무책인 상황에서는 자연의 섭리에 따라 일이 흘러가는 대로 그냥 따라가면 된다.

스토아 학파의 잠언집

♥

모든 일을 용감하게 받아들일 줄 알아야 한다. 우리가 상상했던 바와는 반대로, 어떠한 일이든 우연에 의한 것은 없다. 모든 일에는 늘 결과가 따라오기 마련이다. 눈물의 원인이 되는 일과 마찬가지로 기쁨을 가져다주는 일은 오래 전부터 예정된 것이다. 인간의 다양한 운명은 매우 중요한 것이기에 모든 일은 다음과 같은 단 하나의 법칙으로 귀결된다. 우리는 언젠가 죽을 것이다. 그리고 우리에게 주어져 있는 모든 것도 결국에는 소멸하게 되어 있다. 그러니 우리가 거역하고 한탄하는 일이 무슨 소용이 있겠는가? 우리 모두 우리에게 주어진 인류의 운명을 그대로 받아들이자. 신은 신이 만들어 놓은 인간의 운명을 좌지우지할 능력을 가지고 있다. 결국 인간은 신에 예속되어 있는 것이다! 그러니 모든 상황에 열의를 가지고 변함없이 즐겁게 살아가도록 노력하자.

세네카, 〈신의 섭리〉

현인들이 이르기를, 모든 항아리의 양쪽에 손잡이가 있듯 모든 상황에는 두 가지 면이 존재하는데, 우리가 어떻게 생각하느냐에 따라 그 일이 우리를 짓누를 수도 있고 우리에게 용기를 북돋아 줄 수도 있는 것이라 했다.

알랭, 〈행복에 관하여〉

♥

모든 일에는 두 가지 국면이 존재한다. 일이 자신의 뜻대로 진행되지 않을 땐 기분이 상하게 마련이다. 하지만 그 일에 두 팔을 걷어붙이고 적극적으로 대처하면 좋은 결과를 볼 수도 있다. 수많은 고통스런 결과를 가져올 수 있는 일도 그 일을 어떻게 생각하느냐에 따라 기쁨의 결과로 나타날 수도 있는 것이다.

모든 상황은 아주 좋게도 또 아주 나쁘게도 흘러갈 수 있다. 이를 대처하는 가장 좋은 방안은 가장 중요한 것이 무엇인지 자각하는 것이다. 똑같은 상황도 우리가 어떻게 바라보느냐에 따라 서로 다른 두 가지 양상으로 나타나기 때문이다. 그 결과에 따라, 우리는 모든 것이 좋게만 느껴질 수도 있고 그 반대로 나쁘게만 느껴질 수도 있는 것이다.

따라서 모든 상황이나 일에 대해 행복을 느끼며 살아가기 위해선, 일이 자신의 뜻대로 되지 않을 때마다 좋은 면을 바라보려고 노력하는 삶의 자세를 키워 가는 것이 가장 필요할 것이다.

그라시앙, 〈조신〉

몇 가지 예상치 않았던 큰 불행한 일들을 제외하면, 자신이 타고난 운이 좋건 나쁘건 간에 자신의 인생에서 일어나는 일들보다 더 중요한 것은 바로 삶을 대하는 방식이다. 즉, 인간의 기질과 감수성의 차이는 모든 일과 관련되어 있는 것이다. 우리 자신 안에 있거나 우리 자신이 만들어 나가는 것, 한마디로 말해서 인격과 가치관이라 하는 것은 우리의 안락한 행복을 결정지어 주는 직접적이고도 유일한 요인이다.

쇼펜하우어, 〈지혜로운 삶에 대한 격언〉

당신을 괴롭히는 불행이라 하는 것의 상대성을 인정할 줄만 안다면 인생을 살아가며 겪게 되는 무수한 상황 속에서 어떤 일이 당신을 즐겁게 하고 편하게 하는지 또 행복함을 느끼게 하는지 알게 될 것이다.

세네카, 〈마음의 평온함에 대하여〉

♥

우리는 삶의 빛깔에 물들어 가되 결코 세세한 것에 연연해서는 안 될 것이다. 세세한 일들은 늘 우리를 치사하게 만드는 경향이 있다.

오스카 와일드, 〈잠언집〉

♥

인간은 하루 동안에도 자그마한 기쁨에 마음을 활짝 열어놓기도 하고 자그마한 슬픔으로 우울해지기도 한다. 이처럼 우리의 영혼이나 마음 속에 존재하는 감정의 기복은 매우 심한 것이다. 이를 조절하기 위해선 세상에 존재하는 것들에 대한 가치를 정확히 평가하는 것이 중요하다.

라 브뤼에르, 〈인물론〉

♥

인생은 짧고 권태로운 것이다. 우리는 이러한 인생을 끊임없는 바람 속에서 흘려보낸다. 그래서 늘 평온하고 행복한 생활을 꿈꾸며 건강하고 혈기왕성한 가장 좋은 시기를 보내버리는 경우가 많다. 행복은 우리의 이러한 바람 속에서 뜻하지 않게 찾아오는 것이다. 우리가 우리의 열정을 불태우고 삭히고 있는 현재, 우리는 이미 행복한 상태에 놓여 있는지도 모른다. 우리가 이를 깨달을 수만 있다면 더 이상 바라기만 하는 삶은 살지 않아도 될 것이다.

라 브뤼에르, 〈인물론〉

♥

늘 당신의 의견에 반하는 비판이나 사고에 흔들리지 말고 당신의 의견을 신뢰하도록 하라. 설사 당신의 생각이 틀렸다 하더라도 당신의 내부에서 전개되는 본성은 시간이 흘러감에 따라 당신을 천천히 또 다른 상황으로 몰고 갈 것이다. 자신의 판단에 맡겨두고 묵묵히 그들이 하는 대로 놔두어라. 그리고 이에 대항하려고 들지도 말라. 그러면 당신 내부 깊숙한 곳에서 전개되는 대로 모든 일이 전개될 테니 초조해 하지도 압박감을 느끼지도 말라. 그냥 조용해질 때까지 자신을 믿고 기다려라. 그러면 되는 것이다.…… 겸허하게 인내심을 가지고 새로운 광명의 시간이 올 때까지 기다려라.

라이너 마리아 릴케, 〈젊은 시인에게 보내는 편지〉

♥

지금부터 당신이 추구하고자 하는 틀에 당신을 맞추어라. 그래야만 당신이 혼자라고 느낄 때 수많은 사람에 끼여 도태되지 않고 꿋꿋이 버티고 서 있는 자기 자신의 모습을 발견할 수 있다.

에픽테토스, 〈에픽테토스 개론〉

우리 모두 자신의 운명을 받아들이는 지혜를 쌓도록 노력하자. 이에 따라 모든 것을 잃을 수도, 얻을 수도 있다. 자신의 운명을 바꿔보려고 노력하지 말고 이를 순순히 받아들여라. 그래야 하늘이 정해준 자신의 운명이라는 기로 앞에서 좌절하지 않을 수 있다.

그라시앙, 〈조신〉

♥

행복은 어떠한 것에도 구속받지 않으며 고귀하면서도 대담하고 변치 않는 것이어야 한다. 그러나 정신적 미학이라 불리는 이러한 행복이 집착의 대상이 되거나 행복에 하나도 도움이 되지 않는 수많은 것들로 인하여 그 가치가 실추되어서는 안 될 것이다. 우리가 원하건 원하지 않건, 늘 인간 내부 깊숙한 곳에서 우러나오는 기쁨으로 즐겁게 살아가는 생활 방식은 행복에 굳게 뿌리 내려 있는 원칙이다. 기쁨은 이러한 행복의 원천이 되는 것이기에.

세네카, 〈행복한 삶〉

♥

행복한 사람이란, 그 사람의 마음이 선하건 악하건 상관없이 늘 선한 일을 행하고 덕을 쌓는 일에 스스로 만족할 줄 알며, 자기 앞에 닥쳐 온 운명에 지나치게 자극을 받거나 무관심하지 않으며, 자신에게 주어진 운명을 순순히 받아들일 줄 아는 사람이다.
진정한 행복은 행복에 집착하지 않을 때 찾아오는 것이다.

세네카, 〈행복한 삶〉

♥

우리는 우리 안에 있는 행복을 우리 밖에서 찾으려 하는 경향이 있다.

영국 의사 토마스 브라운

♥

인간은 모두 식욕을 가지고 있다. 그러나 인간에겐 또 다른 욕구가 있다. 그것은 바로 우리가 누구인지, 또 왜 살아가고 있는지에 대해 알고자 하는 욕구이다.

조스탱 갸르데, 〈소피의 세계〉

♥

우리의 인생은 우리가 어떻게 생각하느냐에 따라 달라질 수 있다.

마르쿠스 아우렐리우스, 〈명상록〉

♥

우리는 자신과 관련되어 있는 수많은 쓸데없는 고민을 억제할 수 있는 능력을 가지고 있다. 모든 것은 생각에 따라 달라질 수 있다. 따라서 세상 전체를 끌어안는다는 생각으로 이에 꾸준히 임한다면, 또 특별한 경우에 생기는 빠른 변화에 심사숙고하는 것을 잊지만 않는다면 이 세상에서 숨이 탁 트이는 자유로움을 만끽할 수 있게 될 것이다. 단 한 번 태어나서 죽는 것으로 끝나버리는 우리네 인생은 우리에게 얼마나 짧은 것인가! 우리가 태어나기 전에 누렸던 무한함이나 죽은 후에 다시 누리게 될 무한한 기간에 비하면 말이다.

마르쿠스 아우렐리우스, 〈명상록〉

♥

이 세상에서 가장 비극적인 삶이란 살아 있는 동안 인간의 정신이 죽어 있는 삶을 이른다.

알베르 슈바이처

♥

한 현인이 광인에게 행복에 이르는 길에 대해 물었다. 그러자 그 광인은 자신이 너무도 잘 알고 있는 마을길이라도 물었다는 듯이 조금도 주저하지 않고 바로 대답하기 시작했다. "서로를 찬미할 줄 아는 인생의 길을 걸어가는 것입니다. 당신 역시 마찬가지요!" "잠깐!" 현인이 고함쳤다. "됐습니다. 당신은 너무도 많은 걸 대답하려 하는군요. 그런 건 제가 듣고 싶은 대답이 아닙니다. 충분히 이해가 갔어요!" 그러자 광인이 말을 이어서 했다. "인간이란 존재는 늘 당신처럼 끈질기게 서로를 경멸하기에 여념이 없는데 어찌 서로를 찬미할 수 있겠소?"

니체, 〈유쾌한 지식〉

♥

행복한 사람들은 평생 나이를 먹지 않는다.

크리스틴 드 스웨드, 〈잠언집〉

♥

나이가 젊다고 해서 철학적 사고를 탐구하는 데 이르다고 말하거나, 또 나이가 많다고 해서 이를 탐구하는 데 늦었다고 말하는 것은 이치에 맞지 않는 소리이다. 정신상의 건강은 육체와 무관한 것이기에……. 따라서 철학적 사고를 탐구하기에는 아직 시기가 아니라거나 이미 늦었다고 말하는 사람은 행복에 대해 말하는 데 아직 시기가 아니라거나 이미 늦었다고 하는 거나 다름이 없는 것이다.

에피쿠로스, 〈메네세에 보내는 편지〉

♥

행복을 가져다주는 것이 무엇인지 다시 한 번 생각해 볼 필요가 있다. 만일 우리가 행복하다면 우리는 모든 것을 손에 거머쥔 듯한 기분이 들 것이다. 그러나 이와는 반대로 행복하지 않다면 앞으로 우리가 그것을 만들어 가면 될 것이다.

에피쿠로스, 〈메네세에 보내는 편지〉

♥

베풀며 살아가기

'베풀며 살아갈 때 우리는 비로소 부자가 될 수 있다.' 이 말은 늘 이러한 인생을 살다 가신 테레사 수녀가 남긴 말이다. 베풀며 살아가는 삶보다 더 아름다운 사랑의 표현 방식이 존재할까? 시간을 할애하고, 사랑을 베풀고, 자신을 희생하는…… 재거나 주저하지 않고 타인이 기뻐하는 일을 해주는 것.

짐승도 사랑을 베풀어주면 이를 느끼는 법이다. 기원전 1세기 로마의 스토아학파 철학자인 세네카가 남긴 말이다. 이 말이 전하고자 하는 의미는 매우 간단 명료하다. 마음을 달래고 원기를 회복하고 분노를 가라앉히기 위해선 먼저 베풀 줄 알아야 한다는 것이다. 우리가 미워하는 이들에게조차 말이다. 별로 유쾌하지 못한 이에게 부드러운 말을 건네주고 미소를 보내주는 것은 그들에게 호의와 관대함이라는 선물을 베풀어주는 일이다. 우리가 베푸는 친절함을 그가 몰라준다면 참으로 딱한 일이 아닐 수 없을 것이다. 그러나 그럴수록 도둑질한 아이에게 타이르듯 베풀고 또 베풀어라. 우리와 가까운 이들에게 베푼다는 것은 아주 쉬운 일이다.(그렇지 않은 이들도 있겠지만) 진정한 선물은 형식상 어쩔 수 없이 하는 것이 아니라 마음 저편에서 우러나와서 하는 것이다.

현인들이 우리에게 상기시키고자 하는 점이 베풀고 또 베풀며 사는 삶이라는 것을 잊어서는 안 된다. 마지못해 타인을 용서하는 것은 베푸는 것이 아니라 동의하는 것이다. 이러한 행동은 삼가는 것이 좋다. 오히려 서운함만 더해 주는 결과를 낳기 때문이다. 너그럽게 베푸는 것은 장사

꾼이 매기는 바가지 요금과는 차원이 다른 것이다. 또한, 이를 행하는 이의 의도조차 제대로 받아들여지지 않는다.

반면에 즐겁고 열의를 띤 자세로 기품 있고 기분 좋게 베푸는 것은 자기 자신을 완성하는 진정한 모습이다.

마음에서 우러나는 진정한으로 타인에게 베푸는 과정 속에서 우리는 날아갈 것 같은 가벼운 기분과 가장 소중한 것을 얻은 것과 같은 뿌듯한 느낌을 맛볼 수 있게 될 것이다. 그리고 우리가 선행을 베푼 이들은 우리에게 고마운 마음을 갖게 될 것이다. 그리하여 선행을 베푼 만큼 마음이 풍요로워짐을 느낄 수 있을 것이다. 여기에서 말하는 풍요로움이라 함은 값어치로는 계산될 수 없는 것이란 점을 늘 염두에 두어야 할 것이다.

카트린 랑베르, 〈마음에 평온함을 가져다주는 책〉

자신을 관리한다는 것은 자신을 완성한다는 것을 의미한다.

라이너 마리아 릴케, 〈젊은 시인에게 보내는 편지〉

세상에서 가장 행복한 사람은 수많은 타인의 행복을 먼저 생각해 주는 사람이다.

디드로

누군가가 내게 행복을 가져다주는 것보다는 타인에게 행복을 느끼게 해주는 일이 훨씬 유익한 일이다. 아량 있는 사람들은 이러한 순간에 최상의 행복감을 맛보게 된다.

그라시앙, 〈조신〉

지금까지 해온 선행의 결과가 어찌되었든 개의치 말고 앞으로도 계속 선행을 베풀도록 하라. 그러면 언젠가는 아마도 감사한 마음으로 두 손 놓고 편히 영면할 날이 올 것이다. 그러니 생을 마감할 때까지 선행을 소홀히 하지 말고 선한 인간의 모습으로 살아가는 데 전념하라. 때로는 물질적으로, 때로는 당신의 신용으로, 때로는 예의를 갖춰 충고나 유익한 교훈을 이용하여도 좋을 것이다. 아무리 길들여 있지 않은 맹수라 하더라도 애정을 가지고 잘 보살펴 주면 자신을 아껴준다는 사실을 느끼게 되어 있는 법이다.

세네카, 〈베풀며 살아가기〉

♥

너무 많이 짖어대는 개는 훌륭한 개가 될 수 없다.

장자

♥

늘 선행을 베푸는 것을 몸에 익혀라. 선행을 베푸는 과정에서 인간은 첫째 자아를 실현할 수 있다. 이는 현재 자신의 목적지가 자신이 의도한 바대로 되어갈 때 느껴볼 수 있는 것이다. 두 번째와 세 번째 사항은 그래서 얻게 될 자신의 명성과 어느새 왔다가도 사라져 버리는 행복감이다. 또한 하나의 선행이 흔쾌히 받아들여졌다는 것은 선행을 베푼 이가 다른 대가를 바라지 않음을 알고 감사한 마음으로 받아들였다는 것을 뜻한다. 결국, 내가 말하고자 하는 선행이란 밖으로 드러나게 되어 있다. 마음에서 우러난 선행을 베푼 이나 이를 흔쾌히 받아들인 이 모두에게 말이다.

세네카, 〈베풀며 살아가기〉

♥

명예로운 인간을 평가하는 가치 기준이 되는 미덕을 행하는 일보다 더 좋은 일이 또 있겠는가 하는 생각을 해본다. 미덕을 행했을 때 갖게 되는 내적인 기쁨은 보편적인 평가 기준으로 작용함으로써 얻어지는 기쁨과 다시 한 번 합해지게 된다. 비록 장난기 있는 이들은 이를 있는 그대로 받아들이지 않을 수도 있겠지만 사람들이 정직한 인간을 평가하는 가치 기준은 매한가지인 법이다.

마담 뒤 샤틀레, 〈행복에 대한 담화〉

♥

가장 작은 기쁨은 타인을 기쁘게 해주는 데서 시작된다.

브뤼에르, 〈인물론〉

♥

나에게 은혜를 베풀어준 이들에게 좀더 호의적이고 감사히 대할 수 있는 방법을 가르쳐 달라. 서로 은혜를 주고받은 이들 사이에서 자신이 입은 은혜를 잊지 않고 은인에 대한 좋은 기억을 오래도록 간직할 수 있도록 말이다.

세네카, 〈베풀며 살아가기〉

♥

선행이란 무엇인가? 좋은 의도에서 스스로 우러나는 마음으로 행해지는 것으로서 선행을 베푸는 이나 받는 이 모두에게 기쁨을 주는 것이다. 따라서 자신의 마음에 따른 것이 아닌, 다시 말해서 인위적으로 한 선행은 그 가치가 떨어지게 되어 있다. 그렇기 때문에 선행은 이를 주고받는 행위 자체가 중요한 것이 아니라 이를 주고받는 이의 감정에 충실해야 하는 것이다.

세네카, 〈베풀며 살아가기〉

♥

행복한 사람은 순풍에 돛 단 배와 같은 인생을 사는 사람이다.

중국 격언

타인에게 베풀면 베풀수록, 자신에겐 득이 되는 법이다.

노자

♥

가난한 이들에게 베풀기 위해 횡재를 꿈꾸는 자는 결코 그들에게 아무것도 베풀어줄 수 없다.

중국 격언

♥

우리가 행복할 때는 늘 모든 것에 관대하지만, 아량을 베푼다고 해서 우리가 늘 행복한 것은 아니다.

오스카 와일드, 〈잠언집〉

♥

나는 사회에 유익한 일을 해왔는가? 그렇다면 얼마나 도움이 되었는가? 모든 일을 행할 때는 이러한 생각을 염두에 두기 바란다.

마르쿠스 아우렐리우스, 〈명상록〉

당신이 내게 지상에서 최고의 행복이 무엇이냐고 묻는다면 나에게 길을 묻고 멀어져 가는 어린 소녀의 노랫소리를 듣는 것이라 답할 것이다.

리-테-포

♥

친구의 장례식에 온 의사가 장례식에 온 사람들에게 다음과 같은 말을 계속 되풀이했다. "이 사람이 술을 좀만 덜 마시고 관장만 했더라도 살았을 텐데……." "참 생각도 많이 해주시는군요." 이 말을 듣고 있던 사람 하나가 말했다. "지금 그런 말을 해봤자 무슨 소용이 있다고 계속 그런 말을 되풀이하십니까? 모든 것이 끝나 버린 이 상황에……. 그런 충고는 그가 그 충고를 받아들일 수 있었을 때 했어야만 했다구요!"
이 이야기는 친구가 도움이 필요할 때 도움을 주어야지 모든 희망이 사라져 버린 후에는 아무리 좋은 말도 소용이 없다는 것을 단적으로 보여준다.

이솝 우화

♥

부정한 사람이 되지 말아라. 이러한 행동을 몸에 익혀두면 언젠가 피할 수 없는 불행을 맞이하게 된다.
당신을 사랑하는 이를 사랑하고, 당신을 찾는 이를 찾고, 당신에게 무언가를 주려고 하는 이에게 주고, 당신에게 인색한 이에게 인색하라. 관대한 이는 받아들이고 인색한 이는 멀리하려는 게 인간의 마음이다. 베풀며 살아간다는 것은 매우 좋은 삶의 자세이다. 그러나 억지로 행하는 것은 좋은 결과를 낳지 못하고 파멸을 꾀하게 되어 있다. 자신의 의지에 따라 자진해서 베풀 줄 아는 인간은 자신의 것을 그토록 많이 내주면서도 선물하는 마음으로 늘 행복해 하기 때문에 늘 진정으로 우러나는 마음으로 이를 행할 수 있는 것이다. 그러나 자신은 늘 인색한 태도를 보이면서 이를 강요만 하는 자는 우리의 마음에 상처를 주는 법이다.

헤시오도스, 〈일과 인생〉

♥

스스로 만족할 줄 아는 자가 행복한 자이다.

노자

♥

첫술에 배부를 순 없다

그라시앙, 〈조신〉

♥

선행을 베푸는 자 중에는 그 사실을 누군가 알아줬으면 하고 바라는 이가 더러 있다.
이러한 류의 인간은 자신이 베푼 선행이 잘 받아들여졌는지의 여부에 대해 민감한 반응을 보인다.
이러한 인간은 선행에 따라오는 어떠한 이익을 추구하는 자이다.
따라서 이는 선행이라 할 수 없다. 선행 자체는 어떠한 계산에 의해 행해져서는 안 되는 것이기에…….

세네카, 〈베풀며 살아가기〉

♥

하루에 세 번 미소 짓는 자에겐 약이 필요 없는 법이다.

중국 격언

♥

누군가가 당신에게 도움을 청할 때는 이에 응해주는 것이 좋을 것이다. 그러나 누군가 절박한 상황에 있음을 먼저 알고 그가 당신에게 도움을 청하기 전에 당신이 알아서 그를 도와주는 일은 더더욱 좋은 일이다.…… 당신이 진정으로 바라는 것이 무엇인가? 당신이 바라는 모든 행복은 조금씩 나뉘어 당신 앞으로 다가올 것이다. 그러니 지금부터 베풀어라.

칼릴 지브란, 〈예언자〉

♥

당신이 이제까지 모든 것을 받아왔다면, 앞으로는 헐벗고 굶주린 이들에게 끊임없이 베풀고 또 베풀어라.

보리스 비앙

♥

우리가 사랑하는 이들에 대해 갖고 있던 섭섭한 감정을 억제하고 때로는 이를 관대하게 받아들일 필요가 있을 것이다. 그래야 그가 자신에게 호의를 베풀어준 당신에게 미묘한 고마움을 느끼게 될 테니까.

라 브뤼에르, 〈인물론〉

♥

초탈의 미덕 속으로

어떤 일을 포기한다는 것은 용기가 부족한 것과는 전혀 무관한 일이며 오히려 대단한 지혜를 요하는 행위이다. 어떠한 일의 한 부분을 차지하고 있는 것이 이보다 가치 있는 일에 전혀 도움을 주지 못하고 해를 입히게 될 경우는 가차없이 이 부분을 잘라낼 줄 알아야 한다.……그라시앙이 이르기를 "현명한 사람은 자신의 실수를 발판으로 하여 이를 승리로 이끌어낼 줄 아는 사람이다" 라고 했다. 그리 대단하지 않은 난관 앞에서 패배를 인정하거나 사임을 표하는 것이 중요한 게 아니라 자신의 시간을 허비하지 않고 불필요한 싸움에 기력을 소모하지 않는 것에 의미를 두어야 할 것이다.

따라서 자신의 기나긴 인생을 살아갈 때 그때마다 필요한 수많은 충고를 받아들여 자신의 젊음이나 아름다움을 포기해야 할 필요도 있을 것이다. 또한 모든 상황이 늘 우리가 예측한 대로 일어나지 않을 수도 있다는 사실을 염두에 두고 이럴 땐 지금 당장 잃는 것에 너무 연연해하지 말고 미래를 바라보고 후퇴할 줄도 알아야 할 것이다. 젊고 민첩한 이들이 자신 앞으로 앞질러 지나가도 그냥 이들이 지나가도록 길을 내어 주도록 하라. 그들 중에는 당신이 과거에 그들을 앞질러 갔던 이도 있을 것이다. 또한 세속적인 만남은 그만두고 친구와의 신의를 지키는 일에 전념하고 돈에 치여 살아가는 삶은 이제 그만두어라.……포기는 또 다른 시작과 자유로움을 의미하는 경우가 많다.

우리는 어떠한 일을 포기함과 동시에 다른 국면을 맞이하게 된다. 이를 받아들이게 됨으로써 우리는 한 발자국 더 앞으로 나아갈 수 있게 될 것이며 자기 자신을 재발견할 수 있는 출발점이 될 수도 있을 것이다.

카트린 랑베르, 〈마음에 평온함을 가져다주는 책〉

♥

늘 어떠한 상황을 포기하기 전에 충분한 시간을 가지고 다시 한 번 생각해 보라는 말은 우리가 살아가는 데 신중함의 중요함을 일깨워 주는 말이다. 해가 먹구름에 가려 있을 땐 해가 져버린 것같이 보여도 일단 구름이 걷히고 나면 다시금 강렬한 빛을 발하는 해의 속성과 같이 현명한 이는 자신의 실패에 좌절하지 않고 다시 한 번 자신의 기량을 발휘하여 이를 성공으로 이끌어 낼 줄 안다. ……훌륭한 기수는 말이 뒷발로 서며 반항하지 않게 가끔 말의 고삐를 늦추어 줄 줄 아는 법이다. 그리하여 그는 성난 말 위에서 떨어져 사람들의 웃음거리가 되지 않는 것이다.

그라시앙, 〈조신〉

♥

한 번의 미소가 우리를 10년씩 젊어지게 하듯, 한 번의 슬픔이 우리의 머리를 희어지게 하는 법이다.

중국 격언

♥

가장 위대한 정복자는 싸우지 않고서도 적을 제압할 줄 아는 자이다.

노자

♥

덕이 있는 사람은 과거에 증오의 대상이었던 자를 용서하는 포용력을 지니고 있다.

중국 격언

구하라, 그러면 얻게 될 것이다. 그러나 끊임없이 구하기면 한다면 얻게 되는 것은 하나도 없을 것이다.

중국 격언

♥

연구하면 연구할수록 우리가 몰랐던 무수한 것을 배울 수 있을 것이다.

중국 격언

♥

끈기 있는 사람이란 수백 명의 용감한 자들에 대항하여 정정당당히 맞서 겨룰 수 있는 사람을 이른다.

중국 격언

♥

마음에 여유가 없는 인간이 일을 제대로 처리하지 못하는 것과 성미 급한 고양이가 쥐를 제대로 잡지 못하는 것이 무엇이 다를 게 있겠는가.

중국 격언

♥

일의 진행이 더딘 것은 별로 문제가 되지 않는다. 그러나 그 상황이 멈춰버리면 큰 문제가 되는 법이다.

중국 격언

♥

'부귀 영화를 누리고자 했던 욕망을 버리고 나서야 나는 비로소 행복과 평온함과 마음의 풍요로움을 느낄 수 있었다.' 이 명언을 통해 나는 한 부분을 포기하면 그만큼 얻는 것이 많아진다는 것을 깨달을 수 있었다.

샹포르, 〈격언과 고찰〉

♥

자기 자신을 자제할 줄 아는 자가 진정 강한 자이다.

중국 격언

♥

명예와 영광은 운명의 시련을 겪고도 끝까지 열심히 살아가는 성실한 이들에게 돌아가게 되어 있다. 다시 말해서, 자신의 성향과 반대되는 경우가 생기더라도 이를 참아내고 꿋꿋이 자신의 길을 갈 줄 아는 사람만이 훗날 성공할 수 있다는 것이다. 그래서 꾸준히 덕을 쌓아 온 이들은 역경에 부딪혔을 경우 이를 두 팔로 감싸안고 슬기롭게 잘 대처해 나갈 수 있는 것이다.

샹포르, 〈격언과 고찰〉

♥

자신이 행복하다고 생각하는 이는 공명정대하고 옳은 길만을 가며 외고집을 부리지도 않는다. 융통성 없는 행동을 하지 않으며 굽힐 땐 굽힐 줄 알되 결코 비굴한 행동을 일삼지 않는다.

공자

♥

어떠한 상황을 완전히 포기해야 할 경우가 생기면 거의 대부분의 사람들은 이를 다시 원상태로 돌이켜 볼 방법이 없을까 하는 미련을 갖게 된다. 그러나 이러한 일은 얼마나 불행한 일인가! 우리 모두 햇볕이 쨍쨍 내리쬐는 태양 아래에서 몸을 늘어뜨리고 하염없이 무기력하게 있는 뱀보다는 더 현명해질 필요성이 있을 것이다.

니체, 〈유쾌한 지식〉

♥

늘 "난 그것을 잃어 버렸어"라는 말보다는 "난 그것을 되돌려 주었어"라는 말에 익숙해질 필요가 있을 것이다. 당신의 아이가 죽었다면 그는 그가 가야 할 곳으로 되돌아 간 것이다. 또, 당신의 부인이 죽었다면 그녀 역시 그녀가 이 세상에 태어나기 전에 있었던 곳으로 되돌아간 것이다. 나에게 소중한 것을 빼앗겼다고 하자. 그 역시 되돌려 주어야 할 것을 되돌려 준 것이다. "그러나 이를 강탈해 가는 자는 간악한 자이다." 당신에게 주어진 것을 요구하는 자가 당신에게 어떠한 중요한 가치를 부여해 줄 수 있겠는가? 그러니 설사 그가 당신에게 어떠한 것을 부여해 준다 하더라도 이를 대수롭지 않은 것으로 여기고 잠시 머물러 가는 것으로 여겨라.

에픽테토스, 〈에픽테토스 개론〉

♥

완벽한 목표를 세워놓고 살아가는 자가 남보다 나은 인생을 살아가게 되어 있다. 반대로, 되는 대로 인생을 살아가는 자는 남보다 못한 인생을 살아가게 되어 있다.

공자

♥

행복은 아무 것도 소유하지 않은 자에게만 찾아온다.

엑토르 비앙시오티, 〈어둠이 빛을 만난다는 것은〉

♥

공명 정대한 일에 대해 언성을 높일 일은 전혀 없을 것이다.

중국 격언

♥

아무 것도 안 하는 것보다는 조금이라도 뭔가를 하는 편이 나은 법이다.

중국 격언

♥

한 조각의 썩은 고기가 냄비 안의 모든 음식을 먹지 못하게 만드는 법이다.

중국 격언

♥

모든 금은보화가 구두쇠의 전유물은 아니다. 그러나 구두쇠는 모두 금은보화를 가지고 있다.

중국 격언

♥

가난을 유감스럽게 여기지 않고 살아가기는 어려운 법이다. 그러나 황금 위에서 뒹굴 정도로 부유하면서 거만하지 않기는 더 어려운 법이다.

공자

♥

돈이 많아도 아이가 없는 이는 풍족함을 느끼지 못하지만 돈이 없어도 아이가 많은 이는 풍족함을 느끼는 법이다.

중국 격언

♥

바다에 그물을 쳐놓은 한 어부가 커다란 도미를 잡고자 하는 염원으로 그물을 걷어올렸다. 그러나 그물 속엔 조그마한 잔챙이들만 걸려들어 있었다. 그 잔챙이들을 잡지 않고 놔주었다가 훗날 그 고기들이 커다란 도미가 되어 있을 때 잡는다면 그에겐 더욱 이익이 되지 않았을까? "천만의 말씀!" 그 어부가 이 질문에 대답하기를 "내 두 손에 지금 들어온 이익이 아무리 보잘 것 없고 작은 것이라 할지라도 난 그것을 포기하는 게 훨씬 어리석은 짓이라고 생각한다오."

이 이야기는 훗날 갖게 될 이익의 가치가 아무리 대단해 보인다 할지라도 지금 자신의 수중에 들어온 보잘 것 없는 이익에 만족할 줄 알아야 한다는 것을 보여주고 있다.

　　　　　　　　　　　　　　　　　　　　　　　　　이솝 우화

♥

자신의 운명에 만족할 줄 아는 자에게 실패란 존재하지 않는다.

　　　　　　　　　　　　　　　　　　　　　　　　　　　노자

♥

사자가 잠들어 있는 토끼 한 마리를 보고 살금살금 그 사냥감을 먹어치우려고 다가갔다. 그 순간, 사자의 눈에 암사슴 한 마리가 지나가는 것이 들어왔다. 그러자 사자는 처음 먹이감을 내버려둔 채 사슴을 추격하기 시작했다. 이 소리에 잠에서 깬 토끼는 놀라서 달아나 버렸다. 한편, 오랜 추격 끝에 사슴을 놓쳐버린 사자는 도망가 버린 토끼가 있던 곳으로 되돌아와 보았지만 그곳엔 아무 것도 없었다. "차라리 잘 된 일이야!" 그가 내뱉었다. "내 손 안에 들어온 먹이감을 놓치긴 했지만 더 좋은 먹이감을 찾으면 되니까!"
우리는 이 우화를 통해 다시 한 번 반성해볼 필요가 있다. 수많은 인간들이 자그마한 것에는 절대 만족을 느끼지 못하여 자신이 손만 뻗어도 가질 수 있는 것을 놓쳐가며 더 큰 이익만을 추구하려 든다는 것을…….

　　　　　　　　　　　　　　　　　　　　　　　　　이솝 우화

고통스러워할 가치도 없는 것들로 힘들어하지 말아야 할 것이다. 예를 들어 아무리 원해도 가질 수 없는 것이라든가 목표를 정해놓고 이를 달성해 보려고 열심히 땀을 흘렸어도 이미 시기를 놓쳐버려 노력이 허사가 되는 경우를 생각해 보라.

이런 경우 대부분은 우리가 쏟아 부은 열정이나 시간과는 관계없이 그 결과나 노력이 무용지물이 되어버린다. 그러나 일반적으로 우리는 성공을 하지 못한 것에 대해 자신감을 갖지 못하고 또 이 점을 대단히 부끄럽게 여기는 경향이 있다.

세네카, 〈마음의 평온함에 대하여〉

♥

그 어느 것도 의지력이 강한 자를 쓰러뜨릴 수는 없다.

중국 격언

♥

한 극작가가 당신에게 역을 주려 한다고 생각해 보자. 그가 단역이 필요하면 당신에게 단역을 줄 것이고, 또 비중 있는 역이 필요하다면 비중 있는 역을 당신에게 줄 것이다. 또 그가 거지 역을 맡아주기를 바란다면 당신은 적절히 그 역을 소화해 내야 할 것이다. 다리를 저는 역, 판사 역, 평범한 사람 역도 마찬가지이다. 당신에게 주어진 역을 얼마나 잘 소화해 내느냐 하는 것은 당신 자신에게 달려 있는 것이다. 그러나 그 역을 선택해 주는 이는 당신이 아니라는 것을 명심해 두어야 할 것이다.

에픽테토스, 〈에픽테토스 개론〉

♥

우리는 마음이 평온해짐에 따라 행복감을 느껴볼 수 있을 것이다.

중국 격언

♥

부를 쌓고자 하는 이는 행복해질 수 없다. 그리고 행복해지고자 하는 이는 부를 쌓지 못하는 법이다.

맹자

♥

남들이 당신을 사랑해주기를 바라는가? 그렇다면 그들에게 먼저 사랑을 베풀어라.
중국 격언

♥

무절제는 무시무시한 칼날보다 더 무서운 것이다.
중국 격언

♥

물고기 눈에 낚싯바늘은 보이지 않고 낚싯밥만 보이듯, 인간의 눈에는 위험이 보이지 않고 자신의 이익만이 보이는 법이다.
만주 격언

♥

본디 타고나기를 아무 것에도 구속받지 않는 자유로운 몸으로 태어났다는 사실을 잊지 말라. 익숙하지 않은 낯선 일을 억지로 맡게 되었다면 거북하고 괴로운 감정으로 고통스러울 것이다. 그 결과, 당신은 신이나 인간에게 의지하게 될 것이다. 그러나 일단 익숙하지 않은 그 일을 당신의 일로 받아들이기만 한다면 더 이상 억지로 하게 되거나 자신을 훈련시켜야 하는 일은 없을 것이다. 타인을 비난하거나 남의 탓으로 돌리는 일 또한 더 이상 없을 것이다. 당신의 뜻에 반하는 일을 할 일도 안 생길 것이며 상처받는 일도 없을 것이다. 그 결과 적도 생기지 않게 될 것이다. 당신이 누군가에게 해를 입힐 일 또한 없을 테니 말이다.
에픽테토스, 〈에픽테토스 개론〉

♥

눈으로 사랑하는 자는 행복하지 못하다.
중국 격언

♥

우리가 인생을 살아가며 겪게 되는 견딜 수 없는 고통의 순간은 부당한 취급을 받는 모욕적인 시간들과 부정한 인간들 때문에 생긴다.
상포르, 〈격언과 고찰〉

♥

칼의 예리한 면이 날카로운 상처를 남기듯, 신랄한 말 한마디가 사람의 마음에 치명적인 상처를 입히는 법이다.
중국 격언

♥

남을 칭찬하는 말을 하기는 어렵지만 남을 헐뜯는 말을 하기는 쉽다. 그러나 일단 남을 칭찬하는 말을 한번 하게 되면 어렵지 않게 남을 칭찬하는 말이 입에서 술술 나오게 될 것이다.
중국 격언

♥

악은 악으로 다스려야 한다.
중국 격언

♥

진흙은 루비를 안 보이게 할 수는 있어도 루비를 손상시킬 수는 없다.
중국 격언

♥

선한 이가 가는 곳에 사람들이 몰려들게 되어 있다.
중국 격언

♥

당신에게 일어나는 모든 일들을 사랑해야만 하는 이유가 두 가지 있다. 그 첫 번째 이유는 당신에겐 뜻밖인 어떤 일도 이미 신이 당신과 관계하여 그렇게 되도록 해놓은 것이라는 아주 고루한 이유 때문이다. 또 다른 이유는 개인의 삶이 제우스가 더할 나위 없이 훌륭하게 전 우주를 지배하는 데 공헌하기 때문이다. 즉, 당신이 이 세계와 관련되어 있는 부분을, 그것이 아무리 작은 것이라 할지라도 약간이라도 변형시킨다면 이 세계는 조금씩 훼손되어 갈 것이기 때문이다. 따라서, 당신에게 일어나는 일에 만족을 느끼지 못하여 이에 불응한다면 당신은 이 세계와 이어진 관계를 끊는 동시에 이 세계를 훼손하는 셈이 될 것이다.

마르쿠스 아우렐리우스, 〈명상록〉

좋은 일이 있는 곳에 나쁜 일이 따르게 마련이다.

중국 격언

우리가 살아가는 이 세상은 연극의 무대와도 같은 것이다. 그러나 그 역할을 맡은 이들이 생각만큼 잘 배치되어 있는 것 같지는 않다.

오스카 와일드, 〈잠언집〉

마음에서 우러나오는 말에는 세 번의 겨울을 따뜻이 지낼 수 있는 따스함이 깃들어 있다.

중국 격언

흐르는 시간을 받아들이기

언젠가 좋은 날이 올 것이다. 그러나 여유를 가지고 조용히 기다릴 줄 아는 자에게만 그런 날이 올 것이다. 내가 늘 신성시 여기는 고통에 대한 대가에서 난 다음과 같은 사실을 깨달을 수 있었다. 모든 것에는 인내만이 길이라는 사실을 말이다.

라이너 마리아 릴케, 〈젊은 시인에게 보내는 편지〉

시간이 흘러 풀이 희어지는 날이 올 때까지 인내하라!

중국 격언

기다릴 줄 아는 자에게 행운이 찾아오기 마련이다.

중국 격언

개의 몸에 있는 벼룩이 고양이를 울게 할 일은 없을 것이다.

중국 격언

하루에도 여러 번 나는 자신을 돌아본다. 해야 할 일은 충실히 실행하였는지, 또 친구들에게 신의를 잃는 행동을 하지는 않았는지, 또 내가 배운 것을 몸소 실행에 옮겼는지 말이다.

공자

하늘의 뜻을 거스르는 자의 소망은 이루어지지 않는 법이다.

공자

♥

당신이 3천 년을, 아니 만 년을 살 수 있게 되더라도 지금 살고 있는 인생과 달라지는 것은 하나도 없을 것이다. 좀더 잘 보냈으면 하는 인생에 대한 아쉬움은 늘 남아 있게 마련이다. 그리하여 가장 긴 인생이란 때로는 가장 짧은 인생을 뜻하기도 하는 것이다.

마르쿠스 아우렐리우스, 〈명상록〉

♥

마음에 여유가 없는 자에게는 타인을 감동시킬 여력이 남아 있지 않은 법이다.

중국 격언

♥

자신이 바라는 행복을 조용히 기다릴 줄 아는 사람은 자신이 굳이 빗나가려 하지만 않는다면 희망의 길에 쉽게 이를 수 있을 것이다. 반대로 매우 성급하게 행복해지기를 바라는 이는 행복과는 거리가 먼 곳으로 계속 향하게 될 것이다.

라 브뤼에르, 〈인물론〉

♥

세월은 흐르는 물과 같아 우리가 살고 있는 모든 상황이 순식간에 폭풍 속으로 빠져들 수도 있다. 실제로 바로 눈앞에 펼쳐지던 어떤 상황이 어떻게 바뀌어 갈지는 누구도 알 수 없다.

마르쿠스 아우렐리우스, 〈명상록〉

♥

아무리 자신의 본성에서 벗어나는 행동을 해 보이려 해도 자신의 천성을 바꿀 수는 없는 법이다.

중국 격언

♥

세월은 아무도 기다려 주지 않는다.

중국 격언

♥

인생을 허송세월하며 보내지 말라. 그 시간은 결코 되돌아오지 않는다.

중국 격언

♥

시간은 유수와 같은 것, 그 어떤 것도 이를 멈출 순 없다.

공자

♥

흐르는 물은 결코 썩는 법이 없다.

중국 격언

♥

우리에게 일어나는 모든 상황은 장미가 봄에 꽃이 피고 여름에 열매를 맺는 것과 똑같은 이치에 있다. 따라서 이를 예측해보기란 매우 쉬운 일일 것이다. 병 뒤엔 죽음이, 중상모략 뒤엔 함정이, 또 즐거운 일 뒤엔 늘 슬픈 일이 따라오게 마련인 것이다.

마르쿠스 아우렐리우스, 〈명상록〉

♥

혼란을 수습하는 가장 좋은 방법은 그 상황이 흘러가는 대로 그대로 놔두는 것이다. 모든 상황은 가만히 놔두면 결국엔 스스로 멈추게 되어 있기 때문이다.

그라시앙, 〈조신〉

♥

우리의 마음 가장 안쪽은 세상의 끝보다도 더 멀다.

중국 격언

♥

자신이 기르는 개를 때리려는 자에게 몽둥이가 필요한 법이다.

중국 격언

♥

타인을 탓하기 전에 먼저 자신을 책망할 줄 알아야 할 것이다.

중국 격언

♥

할 일이 없다고 걱정하지 말고 자신이 할 일을 찾아서 하려고 노력하라. 타인이 당신에게 관심을 주지 않는다고 불평하지 말고 그가 당신에게 관심을 가질 만한 행동을 하도록 노력하라.

중국 격언

♥

이미 경험한 안 좋은 일에 대한 아쉬운 감정은 남은 인생을 살아가는 동안 내내 좋은 약이 되어 다시는 그런 일을 경험하지 않게 한다.

라 브뤼에르, 〈인물론〉

♥

초가집에서 살면서도 미소 지을 수 있는 자가 궁전에 살면서 눈물 흘리는 자보다 훨씬 처지가 나은 자이다.

중국 격언

♥

인간이라면 누구나 다음과 같은 세 가지의 대단한 일을 경험하게 된다. 그것은 태어나서 살고 죽는 일이다. 인간은 어떠한 것도 느끼지 못한 채 태어나지만 죽을 때는 심한 고통을 느끼게 되고 끝내는 자신이 살아온 인생을 망각하게 된다.

라 브뤼에르, 〈인물론〉

♥

시간을 엄수하는 것은 시간을 도둑질하는 것이다.

오스카 와일드, 〈잠언집〉

♥

과거의 학문은 미래에 유용하게 이용될 귀중한 재산이다.

크리스틴 드 스웨드, 〈잠언집〉

♥

부모의 뜻에 반하는 행동을 해서는 안 될 것이다.

공자

♥

나쁜 풀은 잘라내지 말고 뿌리 채 뽑아버려야 한다.

중국 격언

♥

어둠을 원망하고만 있는 것보단 단 하나의 작은 촛불이라도 켜두는 것이 훨씬 나은 일이다.

중국 격언

백 일 내내 꽃을 피우는 장미는 존재하지 않는다.

중국 격언

♥

하늘은 스스로 돕는 자를 돕는다.

중국 격언

♥

인생은 아름다운 교향곡의 선율과도 같은 것이다. 때로는 매혹적으로 우리의 마음을 끌기도 하고 때로는 급격하게 요동쳐 우리의 마음을 동요시키기도 하는……

크리스틴 드 스웨드, 〈잠언집〉

♥

자신이 행한 노고에 대해 지지를 받는다는 것은 노후에 위안이 되는 일이다. 가장 행복한 인간은 자신이 살아온 인생을 정신적으로든 육체적으로든 큰 고통 없이 되돌아볼 수 있는 사람이다. 과거에 생기 있는 아름다움을 지녔었다거나 강렬한 쾌락을 맛보았다는 사실은 그에게 훗날 아무런 도움도 되지 못하는 것들이다. 따라서 이러한 것으로 행복의 가치를 잰다는 것은 잘못된 자로 행복을 재는 것과 같다. 순간적인 쾌락이라 하는 것은 부정적인 것으로 여겨지는 것이기에 쾌락이 행복을 가져다준다고 생각하는 것은 일종의 착각이라 할 수 있다.

쇼펜하우어, 〈지혜로운 삶에 대한 격언〉

♥

자신의 마음에 여유가 있어야 남도 배려할 수 있다. 자신의 마음에 여유가 없으면 가족도 생각할 겨를이 없어진다.

중국 격언

마음에 미덕이라는 나무를 심은 자는 그 나무가 잘 자라날 수 있도록 정성을 들여 보살펴주어야 할 것이다.

르 슈킹

♥

인간의 속마음은 결국 행동으로 드러나게 되어 있다.

중국 격언

♥

발이 진흙 속에 빠지지 않는 한 비틀거려서는 안 된다.

중국 격언

♥

잔뜩 배가 고픈 여우가 참나무에 난 움푹 패인 좁은 구멍 속에 누군가가 남겨둔 빵과 고깃덩어리를 발견하게 되었다. 여우는 비집고 들어가 그 음식들을 맛있게 먹었다. 그러나 배가 불룩하게 된 여우는 잠시 전에 들어왔던 구멍으로 빠져나갈 수가 없었다. 여우는 한숨을 내쉬며 한탄의 소리를 내뱉기 시작했다. 바로 그때 그 옆을 지나가던 여우가 그 신음소리를 듣게 되었다. 그는 다가와 왜 그렇게 힘들어 하는냐고 물었다. 그가 힘들어하는 이유를 알게 된 여우는 다음과 같이 말했다. "그 안에 그대로 있으면 되잖아요. 그대로 있다가 좀 전에 그곳을 비집고 들어갔을 때와 같은 몸매가 되면 그때 다시 나오면 되잖아요? 그러면 쉽게 빠져나올 수 있지 않겠어요?"

이 우화는 시간이 모든 고난을 해결해 줄 수 있음을 단적으로 보여주고 있다.

이솝 우화

♥

수많은 사람들이 매우 열렬히, 그것도 위험을 무릅쓰면서까지 어떤 한 가지 상황을 이루려고 애쓰는 경우가 많다. 그리고 그 일이 이루어지지 않을까봐 몹시 두려워한다. 그러나 너무 한 가지 일에만 몰두하고 그것에 집착하는 것은 좌절을 맛보는 지름길이 될 수 있다는 점을 반드시 염두에 두어야 할 것이다.

라 브뤼에르, 〈인물론〉

♥

바라는 것이 있을 땐 하염없이 시간을 보내며 기다리지 말고 그 시간을 이용하는 것이 훨씬 가치 있는 일일 것이다.

시영-췌

♥

가장 염원하는 일은 때맞추어 이루어지는 법이 없다. 그리고 그렇게도 바라던 상황에는 이루어지지 않던 일이 우리에게 더 이상 관심 밖의 일이 된 후에 이루어지게 된다.

라 브뤼에르, 〈인물론〉

♥

육체가 죽는 것은 그리 슬픈 일이 아니다. 그러나 마음이 죽는 일보다 슬픈 일은 없을 것이다.

중국 격언

♥

진실은 너무 늦게, 그것도 맨 마지막 순간에 밝혀지는 경우가 많다. 이는 절름발이의 안내자가 되어줄 수 있도록, 그와 보조를 맞춰주기 위한 것이란 사실을 결코 잊어서는 안될 것이다.

그라시앙, 〈조신〉

♥

돈에 집착하는 자는 비난을 받게 되어 있다.
권력에 집착하는 자는 스스로 망하게 되어 있다.
무위도식하는 자는 방황하게 되어 있다.
안락한 생활에 익숙해져 있는 자는 고생을 하게 되어 있다.
이 얼마나 힘든 세상인가!

장자

♥

힘들 때 옆에 있어 주는 친구는 가뭄에 흐르는 귀한 샘물과 같은 존재이다.

중국 격언

♥

훌륭한 말은 우격다짐으로 다스리지 말고 조심성 있게 다스려야 한다.

공자

♥

버팀목으로 받쳐주지 않은 어린 나무는 쉽게 꺾이기 마련이다.

중국 격언

♥

잘 닫혀지는 문은 잘 열리게 마련이다.

중국 격언

♥

악인을 선한 이로 빠르게 그것도 억지로 바꾸어 보려고 매달리는 일을 나는 제일 싫어한다. 그가 뿌려둔 씨앗을 스스로 거둬들일 수 있을 때까지 내버려두는 것이 최선의 방법이기에.

오스카 와일드, 〈잠언집〉

나는 행복한 죽음을 맞이하기 위해 오늘도 열심히 살아가고 있다.

장자

♥

슬기로운 이는 신중함의 비결이 시간에 순응하는 것이란 사실을 알고 있는 사람이다.

그라시앙, 〈조신〉

♥

인간의 삶이라는 끈을 때 이르게 잘라버리는 것은 하늘의 뜻이 아니다. 한창 살아가는 인간을 죽음으로 내모는 것은 바로 인간 자신의 과오이다.

맹자

♥

스스로 만족할 정도로 성공을 거두었던 순간을 돌이켜 보라. 당신도 알고 있겠지만 이러한 순간은 매우 드물다. 이 때를 떠올린 당신의 얼굴에는 평화로움이 깃들어 있을 것이다. 또한 당신에겐 더 이상 두려운 존재도 없어질 것이다.
그러나 당신의 인생에 덤벼드는 수많은 이들은 당신이 피해를 입게 된다는 사실도 모르는 사이에 밀고 들어와 거짓된 고통과 즐거움, 열정으로 아첨하며 늘 부당한 이득만을 취하려든다. 당신의 행복한 순간을 조금이라도 뜯어가려고 하는 이들의 행동은 얼마나 쩨쩨한가! 그가 당신을 죽도록 괴로운 순간으로 내몰 수 있다는 사실을 늘 잊어서는 안 될 것이다.

세네카, 〈짧은 인생에 대하여〉

♥

우리에게 남은 시간을 우리보다 앞서 인생을 살아본 노년기의 사람들이 그들의 얼마 남지 않은 인생을 아쉬워하며 보내듯 관리해야 할 것이다.

세네카, 〈짧은 인생에 대하여〉

돈이 아무리 많아도 죽음을 막을 수는 없다.

중국 격언

♥

인간은 모두 죽을 운명을 갖고 이 땅에 태어났다. 그런데 왜 나는 모든 인간과 같이 평범한 운명을 받아들이지 못하고 슬퍼하는가.

리-췌

♥

맑은 물을 자신을 비춰주는 거울로만 여기지 말고 자기 성찰의 도구로 여겨라.

르 츄-깅

♥

보기 좋은 길은 금방 질리게 마련이다.

중국 격언

♥

발자국은 걸어가며 지우는 게 더 쉬운 법이다.

장자

♥

장거리를 달려보아야 말의 능력을 알 수 있듯, 시련의 기간이 길어야 인간의 의지력을 시험해 볼 수 있다.

중국 격언

자신의 잘못을 고칠 줄 알기

경험은 어떠한 도덕적인 가치 기준도 갖고 있지 않으며 인간에게 자신의 과오를 접하게 해주는 이름에 지나지 않는다.

오스카 와일드, 〈잠언집〉

♥

소홀히 한 작은 불씨 하나가 큰 화재의 원인이 될 수 있다.

중국 격언

♥

우리에게 조금도 유익하지 않은 삶의 교훈을 우리가 배운다는 것은 얼마나 유감스러운 일인가.

오스카 와일드, 〈잠언집〉

♥

인간의 신체 가운데 가장 중요한 부분은 눈이다. 눈은 인간의 마음을 숨기지 못하고 그대로 드러내주는 것이기에.

맹자

♥

첫 번째 실수는 실수로 인정되지만 두 번째 실수는 실수로 인정되지 않는 법이다.

중국 격언

사람들이 듣기 싫어하는 말은 흔히 그들에게 가장 필요한 말일 경우가 많다.

중국 격언

♥

잘 알고 있는 곳에서 길을 잃고 헤맬 일은 없을 것이다.

중국 격언

♥

우리는 타인의 잘못은 쉽게 비난하지만, 자신의 잘못은 쉽게 고치려 하지 않는다.

라 로슈푸코, 〈잠언집〉

♥

오늘날, 대부분의 사람들이 눈뜨고는 못 볼 정도로 비굴한 부류들 때문에 극도의 고통을 받다가 너무 늦게서야 지금껏 자신이 결코 깨닫지 못하던 과오가 무엇인지를 알게 된다.

오스카 와일드, 〈잠언집〉

♥

바다의 깊이를 재기가 불가능하듯, 인간의 마음도 측정할 수 없는 법이다.

중국 격언

♥

단 한 번의 실수는 실수로 받아들여지지만 두 번째 실수는 용납되지 않으니 똑같은 실수를 두 번 이상 반복하는 어리석은 일은 없도록 해야 할 것이다.

익명의 작가

♥

누군가가 나의 생각이나 행동이 잘못되었다는 것을 내가 인정할 수 있게끔 설득할 수 있다면 나는 나의 잘못된 점을 고쳐가며 행복해할 것이다. 나는 진실함이 좋다. 그리고 누군가가 나로 인해 피해를 입는 것을 매우 싫어한다. 그래서 난 말해주고 싶다. 자신의 잘못을 인정하지 않고 끝까지 자신의 의견을 고집하게 되면 훗날 손해 보는 것은 자신이라는 사실을!

마르쿠스 아우렐리우스, 〈명상록〉

♥

어떠한 대상에 대해 무덤덤한 감정을 가지고 있는 이보다는 그 대상을 사랑하는 이가 그에게 훨씬 비중 있는 위치를 차지할 수 있다. 그러나 어떠한 대상을 사랑하는 이보다는 그 대상에게 기쁨을 안겨줄 수 있는 이가 훨씬 가치 있는 사람이 될 것이다.

공자

싸움을 말리는 자가 그 싸움의 근본적인 해결책까지 마련해 줄 수는 없다.

노자

♥

남에게 배신을 당하지 않기 위한 가장 좋은 방법은 남을 배신하지 않는 것이다.

중국 격언

♥

잘 들지 않는 칼은 녹슬게 되어 있다.

중국 격언

♥

인간은 자신의 결점을 보완할 수 있는 방법에 대해서는 전혀 신경을 쓰지 않는다. 그리하여 자신이 살아 있는 동안 내내 실수를 범하게 되는 것이다. 다시 말해서, 인간이 계속하여 실수를 저지르는 원인은 전적으로 자신의 잘못된 점을 개선하려 하지 않는 데 있다. 어리석은 짓을 반복하지 않는 방법을 아는 것보다 유쾌한 일은 없을 것이다.

라 브뤼에르, 〈인물론〉

♥

인간에게 존재하는 단 하나의 불행은 그가 뉘우쳐야 할 과오를 뉘우치지 못하고 계속하여 똑같은 실수를 범한다는 사실이다.

라 브뤼에르, 〈인물론〉

♥

무슨 일이든 힘들게 시작한 사람이 그만큼의 성과를 거두어들이게 되어 있다.

공자

자신의 실수에 애착을 갖는 자는 자신의 실수가 어디에 기인한 건지 알고 싶어하지 않는다.

코르네이유, 〈폴리엑트〉

세상은 불신으로 가득 차 있다. 불신은 억측을 낳고 억측은 간책을 낳고 간책은 악의를 낳는다. 그 결과 세상은 악으로 가득 차게 될 것이다.

중국 격언

♥

우리 인생에 가장 중요한 시기는 우리가 자신의 나쁜 면이라 부르는 것을 자신의 가장 좋은 면이라 부를 수 있는 용기를 발견하는 순간이다.

니체, 〈선악의 피안〉

♥

한 번씩 화를 낼 때마다 얼굴에 주름살이 하나씩 늘어나듯 미소를 한 번 지을 때마다 주름살이 하나씩 없어진다.

중국 격언

자신의 의식이 똑바로 서 있는 인간은 그 의식으로 인해 도움을 받을 때도 있겠지만 이러한 의식 때문에 아픔을 겪어야 할 때도 많을 것이다.

니체, 〈선악의 피안〉

♥

선택

모든 일을 할 때, 그 일에 선행하는 것과 그 일로 인해 생기게 될 결과를 생각해 본 후 행동에 옮겨라. 이를 염두에 두지 않고 섣불리 일을 진행하게 될 경우, 그 뒤에 따라오게 될 결과에 대해 전혀 계획을 세워두지 않은 당신은 허둥지둥 열을 올려야만 할 것이다. 그리하여 훗날, 수많은 곤경에 처해서야 수치심을 안고 이러한 행동을 반성하며 이를 후회하게 될 것이다.

에픽테토스, 〈에픽테토스 개론〉

♥

우리가 원하는 모든 것은 강렬히 원할 필요가 있다.

크리스틴 드 스웨드, 〈잠언집〉

♥

반박하고 생각하고 의심하는 것은 말을 부리는 인간만이 누릴 수 있는 특권이다.

파스칼, 〈팡세〉

♥

적절하지 않다고 생각되는 일은 하지 말라. 그리고 그것이 사실이 아니라 할지라도 이에 대해 왈가왈부하지 말라. 그러한 결정을 내린 것은 당신이니까!

마르쿠스 아우렐리우스, 〈명상록〉

자신의 일시적인 화를 억누를 수 있는 자만이 백 일 간 겪어야 할 불행을 피해갈 수 있다.

중국 격언

♥

만일 아직까지 인생의 목표를 세우지 않고 이제껏 살아왔다면 당신은 감옥에서 산 것이나 마찬가지이다.

익명의 작가

♥

우유부단함이 비열함보다 인간을 더욱 불행하게 만든다고 단정하기는 힘들다. 마찬가지로 아무 것도 갖고 있지 않은 것이 좋지 않은 것이라도 갖고 있는 것보다 행복한 일이라 말하기는 어려울 것이다.

라 브뤼에르, 〈인물론〉

우리의 인생은 만들어져 있는 것이 아니라 우리가 만들어 가는 것이다.

헥토르 비앙시오티, 〈어둠이 빛에게 이야기할 때〉

늘 성실하고 솔직해지도록 노력하라. 그리고 당신에게 이롭지 못한 이에게는 우정을 베풀려고 하지 말라.

공자

자신의 과거에 너무 연연하는 자는 미래를 계획할 자격이 없다.

오스카 와일드, 〈잠언집〉

♥

사랑하는 것을 주저하는 것은 증오심만 가지고 인생을 살아가고자 하는 것과 다를 게 없다.

라 브뤼에르, 〈인물론〉

♥

선인들의 기발한 지혜를 이끌어낼 줄 아는 자는 배울 점이 많은 사람이다.

공자

♥

아무도 당신의 인생을 복원시켜줄 수 없으며, 아무도 당신의 인생을 대신 살아주지 못한다.

세네카, 〈짧은 인생에 대하여〉

♥

현재, 당신은 인간의 인생이 얼마나 짧은 것인지 알고 싶은가? 오래 살고자 하는 이들을 생각해 보자. 황폐한 노인들은 늘 그들의 구차한 인생을 더 살게 해달라고 애걸하는 기도를 한다. 이들은 나이보다 더 젊어 보이고 싶어한다. 그래서 어처구니없는 말 한마디를 들을 때마다 우쭐해하며 착각에 빠져 결국에는 운명을 회피하려고까지 한다. 그러나 현실적으로, 건강이 조금이라도 나빠지면 대다수의 인간들은 곧바로 자신이 죽을지도 모른다는 생각에 공포스러워 한다. 그리고는 현재의 병을 이겨낼 수만 있다면 건강하게 더 잘 살아갈 텐데 하며 그들의 어리석었던 삶을 토로하게 된다. 얼마나 자신이 유익하지 못한 일에 쓸데없는 시간을 보내왔으며, 또 자신의 노고가 얼마나 헛된 것이었는가를.

세네카, 〈짧은 인생에 대하여〉

♥

우리의 선행이 우리를 불행하게 하는 경우가 생기더라도 우리가 행한 일에 대해 절대로 후회를 해서는 안 될 것이다.

크리스틴 드 스웨드, 〈잠언집〉

결혼식을 할 때는 너무 사치스럽지 않게, 되도록 검소하게 하라. 그리고 장례식을 행할 때는 너무 성대하게 치르는 데에만 신경을 쓰지 말고 죽은 이를 애도하는 데 신경을 써야 할 것이다.

공자

♥

이미 돌이킬 수 없는 불행한 일이 생겼을 때, 그 결과 우리가 손쓸 방법이 하나도 없을 때는 이를 회피할 수 있는 방법이 없을까 하는 생각에 빠져 괜시리 일을 더 그르치는 결과를 만들어서는 안 될 것이다. 자신의 고통을 이겨내지 못하고 급기야는 남을 괴롭히는 인간으로 전락할 수도 있으니 말이다. 그럴 바엔 차라리 다윗 왕처럼 행동하라. 그는 아들이 병중에 있을 땐 여호와를 끊임없이 부르며 애원하다가 아들이 죽자 바로 뒤로 돌아 손을 턴 후 더 이상 이에 대해 생각하지도 않았다고 한다. 그러나 이와 같이 할 여력이 없는 이는 자신의 숙명 뒤로숨어 모든 일이 일어나는 것은 필연적인 것이며 불가피한 것이라는 진리를 받아들여야 할 것이다.

쇼펜하우어, 〈지혜로운 삶에 대한 격언〉

♥

호인은 선행을 할 때 조용히 행하고, 현인은 선행을 할 때 유익하게 행한다.

공자

♥

2부
삶을 풍요롭게 하는 평온함의 미덕

사랑

당신이 원하는 것을 사랑하고 행하도록 하라.

생 토귀스탱

♥

진정으로 인간다운 사람만이 진정으로 사랑할 줄도 증오할 줄도 아는 법이다.

공자

♥

사랑할 줄 모르는 자는 죽은 자나 다름없다.

세례 요한

♥

진심으로 사랑할 줄 아는 자는 다이아몬드와 같은 성격을 지닌 자이다. 내구성이나 쉽게 깨지지 않는 면에서 말이다.

그라시앙, 〈조신〉

♥

우리의 영혼은 투명한 물과 같은 것, 우리는 우리의 영혼 속에서 분주히 뛰어다녀야 할 것이다. 사랑하는 순간에서 죽음에 이르게 되는 마지막 순간까지.

마르셀린 데보르드 발모어, 〈엘레지〉

사랑을 받는다는 것은 얼마나 감미로운 일인가! 이러한 내적인 믿음은 사랑을 모르는 이들에게 사랑을 받는다는 기쁨이 얼마나 큰 것인지 알게 해준다.

마르셀린 데보르드 발모어, 〈엘레지〉

♥

사랑이 당신에게 손짓을 하면, 그 길이 가파르고 험하다 할지라도 그 길을 따르라. 그리고 사랑이 당신을 그의 팔로 감싸면 그에게 몸을 맡겨라. 그의 팔 속에 숨겨진 검이 당신에게 상처를 입힐지라도.

칼릴 지브란, 〈예언자〉

♥

사랑으로 만들어진 것은 늘 선과 악의 기준으로 따져볼 수 없는 것이다.

니체, 〈선악의 피안〉

♥

사랑은 사랑하는 이에게 숨겨진, 놀라운 그만의 장점을 등불로 밝혀준다. 이러한 사랑의 힘 때문에 사랑하는 이의 평범한 점도 그에겐 특별한 것으로 보이기 쉬운 것이다.

니체, 〈선악의 피안〉

♥

우리가 새로운 것들을 대할 때 늘 열성과 인내심을 가지고 공정하고 따뜻한 마음으로 받아들이면 낯설었던 감정에서 조금씩 벗어나 새롭기만 하던 그 대상은 말로 표현하기 힘든 아름다운 모습으로 우리 눈앞에 나타나게 된다. 그리고 이들은 우리의 환대에 고마움을 느끼게 되어 있다. 그 결과, 자신을 사랑하는 이는 이와 동일한 방법을 통해 사랑도 배울 수 있다는 사실을 깨달을 수 있을 것이다.

니체, 〈유쾌한 지식〉

사랑은 그 자체로만 구성되어야 하는 감정이다. 전적으로 사랑에 의존한 삶을 살아가야 할 것이다.

샹포르, 〈격언과 고찰〉

♥

완전한 인간이 되려고 노력하는 이는 악한 행동을 하지 않는 법이다.

공자

♥

다른 감정이 하나도 섞이지 않은 순수한 사랑은 우리의 마음 깊숙이 감추어져 있어 우리 자신도 전혀 모르는 감정이다.

라 로슈푸코, 〈잠언집〉

♥

사랑은 우리에게 활기를 주고, 쾌활함을 주고, 겸손함을 배우게 해준다. 또, 우리의 영혼을 정화해 주고, 우리를 더욱 돋보이게 한다. 사랑하는 이들은 이와 같은 감정을 느낄 수 있다.

크리스틴 드 스웨드, 〈잠언집〉

♥

정의로운 사람은 늘 공정한 대우를 받고 싶어하고 속된 인간은 늘 특별한 대우를 받기 원한다.

공자

♥

자신의 마음속에 자라난 사랑의 꽃에 물을 주는 이에게 단 하루라도 의미 없는 인생은 존재하지 않는다.

카얌, 〈4행시〉

♥

내게 사랑이 행복을 가져다주는 것이냐고 묻는다면 나는 이렇게 대답하겠다. 사랑은 행복을 기약해 주는 것이니 그렇게 믿고 그날이 오기를 기다리라고. 아! 사랑을 위해 자신을 희생하지 않을 이가 누가 있겠는가? 우리네 인생은 사랑이 존재할 때만이 의미 있는 것인데…….

사랑이 없는 마음은 불 없는 난로와 같은 것. 사랑은 그 감미로운 독으로 모든 것을 불타오르게 한다. 따라서, 당신이 내게 사랑이 행복을 가져다주는 것이냐고 물어본다면 사랑은 우리의 영혼을 갈기갈기 찢어놓는 것이라고 말해주고 싶다.

사랑을 하다가 그 사랑을 잃게 되면 우리의 인생은 지옥이 되어버린다. 그러나 다시 사랑이 찾아오면 우리는 또다시 밤낮으로 온몸을 환희로 떨어야 할 것이다. 그러다 결국 사랑 속에서 죽음을 맞이하게 될 것이다. 그렇기는 해도, 사랑이 행복을 가져다주느냐는 말에 나는 "그렇다"라고 말해주고 싶다!

마르셀린 데보르드 발모어, 〈사랑〉

♥

사랑을 하면 행복이 어떤 것인지 느낄 수 있다. 당신도 한 번 느껴 보라. 그러면 내 말이 사실임을 알게 될 것이다.

마르셀린 데보르드-발모어, 〈겨울 밤〉

♥

수많은 이들 중에서도 눈에 띄게 잘생기고 아름다운 목소리를 가진 이에게 자꾸 시선이 가는 것은 우리가 그를 사랑하기 때문이다.

라 브뤼에르, 〈인물론〉

♥

불성실한 사랑은 방종한 사랑을 이르는 말이 아니다. 이는 사랑에 소홀하거나 변절하는 것, 다시 말해서 자신이 사랑했던 이를 잊어버리고 증오하는 것을 이른다.

앙드레 콩트-스퐁빌, 〈훌륭한 미덕에 대하여〉

행복은 잠정적인 것이다.

필립 델럼, 〈행복에 대한 게시판〉

♥

진정한 사랑은 사랑 이외의 다른 것은 아무 것도 바라지 않는다.

크리스틴 드 스웨드, 〈잠언집〉

♥

사랑은 행복할 때건 불행할 때건 늘 존재할 수 있는 것이다.

크리스틴 드 스웨드, 〈잠언집〉

♥

우리 모두 있는 그대로의 모습으로 사랑하자.

크리스틴 드 스웨드, 〈잠언집〉

♥

진정한 사랑은 단 하나이지만 이를 모방한 사랑은 수없이 많다.

라 로슈푸코, 〈잠언집〉

♥

가장 중요한 것은 눈으로 볼 수 있는 것이 아니라 마음으로만 읽을 수 있다.

생텍쥐베리, 〈어린 왕자〉

♥

대부분의 결과를 놓고 판단해 보면, 사랑은 애정보다는 증오에 가까운 것이다.

라 로슈푸코, 〈잠언집〉

♥

희망이나 두려움이 지속적으로 작용하지 않는 삶 속에는 불같은 사랑도 존재할 수 없는 법이다.

라 로슈푸코, 〈잠언집〉

♥

사랑이란 감정은 심사숙고 끝에 얻어지는 감정이 아니라 운명적으로, 갑자기 찾아드는 감정이다. 그리하여 매력적인 한 사람의 얼굴이 우리의 가슴에 못 박혀 자리잡게 되는 것이다.
반대로 우정이란 감정은 여러 번 만남의 기간이 지속됨에 따라 조금씩 형성되어 가는 것이다. 친구들과 오랜 기간 동안 좋은 관계를 유지하기 위해서는 얼마나 많은 생각과 배려가 필요한가. 이런 면에서 보면, 매력적인 얼굴이나 손에 싹트는 한 순간의 감정이 오랫동안 쌓아올려야 하는 우정보다 훨씬 절약적이지 않은가.

라 브뤼에르, 〈인물론〉

♥

인간은 단 한 번의 참사랑을 하는데 그것이 바로 첫사랑이다. 그 뒤에 찾아오는 사랑은 이보다는 덜 강렬한 것이다.

라 브뤼에르, 〈잠언집〉

♥

오늘 아침, 난 당신께 장미꽃을 가져다 드리고 싶었습니다. 그러나 장미꽃을 내 허리춤에 묶은 끈이 너무도 세게 묶여져 있었습니다.
끈이 갑자기 풀어지자 장미가 바람에 실려 바다로 날아가고 말았습니다. 물을 따라 둥둥 떠가더니 다시는 돌아오지 않았습니다.
붉은 물결이 타오르는 것 같았습니다.
오늘 저녁, 나의 옷은 아직도 꽃 내음으로 가득합니다.
내게로 와, 장미 향내가 가득한 추억의 선물을 한 번 느껴 보십시오.

마르셀린 데보르드-발모어, 〈사디의 장미〉

"난, 당신만을 영원히 사랑할 것입니다." 내가 말했다. 그러자, 그녀가 벽 쪽으로 몸을 돌리면서 단 한마디를 건넸다. "영원히 저 하나만을 사랑하는 것으로 만족하시길 바래요."

다니엘 페낙, 〈소매상의 산문〉

♥

필요에 의한 사랑은 진정한 사랑이 아니다.

크리스틴 드 스웨드, 〈잠언집〉

♥

소유의 수많은 욕구를 억제하는 것은 가능해도 사랑하는 감정을 억제하기는 불가능하다.

크리스틴 드 스웨드, 〈잠언집〉

♥

우리가 어떤 이를 존중한다고 해서 그를 항상 사랑하는 것은 아니다. 그러나 어떤 이를 사랑한다는 것은 그를 존중한다는 의미를 늘 내포하는 것이다.

크리스틴 드 스웨드, 〈잠언집〉

♥

우리가 평생 연인으로 남기 위해선 결혼을 하지 말아야 할 것이다.

오스카 와일드, 〈잠언집〉

♥

사랑하는 한 베풀어라.

라 로슈푸코, 〈잠언집〉

♥

'슬프다. 그래서 죽어버리고 싶다' 라는 말은 쓰지 말라. 네가 없는 인생은 불꽃 없는 사랑이나 마찬가지이다. 내 마음에 다가와 나를 흔들어 놓을 수 없는 강물이 아무리 맑은들 무슨 소용이 있겠는가. 내 묘지에 와서 나를 부르는 것이나 마찬가지인 것을.

마르셀린 데보르드-발모어, 〈~라는 말은 쓰지 말라〉

♥

진정으로 사랑했던 이가 새로운 사랑을 시작한다는 것은 불가능한 일이다.

라 로슈푸코, 〈잠언집〉

♥

사랑이 극에 달하면 질투심도 없어지게 마련이다.

라 로슈푸코, 〈잠언집〉

♥

우정

진정한 친구에 대한 진가를 안다면 우리의 인생을 기꺼이 그에게 바칠 것이다.

몽테스키외, 〈진실함에 대한 찬사〉

친구 없이 사는 삶은 황량한 사막에서 사는 것과 다름없다. 우정을 나누는 친구가 많으면 많을수록 행복해지고 작아지면 작아질수록 불행해지는 법이다. 우리의 마음에서 흘러나오는 우정이라는 빛은 우리의 불행을 치유해 주는 유일한 빛이기에.

그라시앙, 〈조신〉

우리는 행복을 쌓는 일보다는 우정을 쌓는 일에 훨씬 가치를 두어야 할 것이다.

그라시앙, 〈조신〉

인생을 지혜롭게 사는 최상의 행복감을 맛보기 위해선 우정을 쌓아 가는 일에 역점을 두어야 할 것이다.

에피쿠로스, 〈바티칸 궁의 격언〉

아무리 완벽한 존재라 할지라도 가끔은 충고가 필요한 법이다. 그러나 이를 받아들일 줄 모르는 자는 구제불능인 사람이다. 이성적인 인간은 좋은 충고를 받아들일 줄 안다. 이는 군주조차도 예외가 아니다. 진정한 친구는 말하는 데 구애받지 않아야 하며 때로는 질책하는 일도 감행해야 할 것이다. 자신에게 이러한 권한을 부여받은 친구의 의견은 신중하고도 믿을 수 있는 것이어야 한다. 그러나 이러한 허물없는 관계가 아무하고나 맺어지는 것은 아니다. 자신의 잘못을 깨닫게 해주는 정확한 거울의 역할을 수행해주는 변함없는 친구는 단 한 명으로도 족한 법이다.

그라시앙, 〈조신〉

우정이 지나치면 우리도 모르는 사이에 상처를 입는 경우가 허다하다. 눈에 보이지 않는 장미 가시에 손을 찔리듯이 말이다.

샹포르, 〈격언과 고찰〉

우정을 쌓는 시간이 많으면 많을수록 사랑을 쌓는 시간은 줄어들게 되어 있다.

라 브뤼에르, 〈인물론〉

♥

진정한 친구는 한 명으로 족하다. 친구가 아무리 많다 하더라도 우리가 그들에게 속내 이야기를 모두 해 줄 수는 없는 법이기에.

라 브뤼에르, 〈인물론〉

♥

우정은 인간이 살고 있는 이 세상의 도처에서 요동하고 있다. 우리에게 지상 최대의 행복을 맛보게 해주기 위해선 우리를 흔들어 깨우는 것이 필요하다며.

에피쿠로스, 〈바티칸 궁의 격언〉

모든 우정은 그 자체만으로도 훌륭한 것이다. 우정은 유익함에서 싹트는 감정이기에.

에피쿠로스, 〈바티칸 궁의 격언〉

♥

진정한 친구는 모든 행복감 중에서도 가장 큰 기쁨을 주며, 이해 타산을 따지지 않는다.

라 로슈푸코, 〈잠언집〉

♥

대부분의 사람들은 자신에게 충고하는 것을 언짢게 생각한다.

크리스틴 드 스웨드, 〈잠언집〉

♥

우정을 얻기 위해 가장 필요한 것은 자신의 결점을 친구에게 보여주는 것이 아니라 그 결점을 자신이 볼 줄 아는 것이다.

라 로슈푸코, 〈잠언집〉

♥

우정만큼 믿을 수 있고 안심하고 받아들일 수 있는 부드러운 감정도 없을 것이다. 그 어떤 비밀도 이처럼 신뢰할 수는 없을 것이다. 우정이 담긴 말 한마디 한마디는 우리의 마음을 달래주고 흔들리는 마음을 굳게 잡아준다. 우정의 기쁨은 우울한 마음을 북돋아주고, 우정의 시선은 우리에게 기쁨을 안겨 준다. 물론, 우리에게는 친구들을 선택할 자유가 있다. 그러나 우정에 악영향을 주는 교활함이 이를 에워싼다면 우리는 불행의 구렁텅이에 빠져 헤어 나오기 힘들게 될 것이다.

세네카, 〈마음의 평온함에 대하여〉

진실되고 참된 우정이란 서로가 공유하고 자신의 행복이나 불행에 좌우되지 않는 순수한 감정으로 임해야 하는 것이다. 또한, 우정을 나누는 각자가 서로에게 확신할 수 있는 신뢰감을 가져야 할 것이다. 인간의 자기 중심적인 성향이 때때로 등장하는 커다란 바다뱀과 관련된 우화처럼 진정한 우정과 관계해서는 결코 안 될 것이다.

쇼펜하우어, 〈지혜로운 삶에 대한 격언〉

행복한 중에도 늘 악이 도사리고있다. 여름이 되면 사람들은 겨울을 준비할 수 있는 충분한 시간을 갖는다. 형편이 좋을 때에는 많은 친구들이 몰려들기 마련이지만 자신에게 다가올 어려운 시기를 미리미리 준비해 둘 필요가 있을 것이다. 재난은 늘 당신 주위에서 언제 들이닥칠지 모르는 것이기에……. 따라서 당신은 친구들을 소중히 여길 줄 알아야 할 것이다. 당신이 현재 염두에 두지도 않았던 이가 미래에 당신에게 행복을 가져다줄지도 모르는 일이다. 비열한 인간들은 사정이 아무리 좋아도 친구가 생기지 않는다. 따라서 이들에겐 재난이 닥쳐도 도와줄 친구가 없다. 아무도 그를 친구로 인정해 주지 않기에.

그라시앙, 〈조신〉

한번 잃었다가 다시 되찾은 우정의 끈을 단단히 하기 위해선 그만큼의 각별한 배려가 필요할 것이다.

라 로슈푸코, 〈잠언집〉

서로의 결점을 감싸주지 못하는 관계를 두고 우정이라 말하기는 힘들 것이다.

라 브뤼에르, 〈인물론〉

왕의 자리에서는 사적으로 누리는 부귀영화에 부족함을 느끼지 못한다. 그러나 그에게 우정을 잃은 아픔을 달래줄 수 있는 이는 단 한 명도 없다.

라 브뤼에르, 〈인물론〉

♥

우정이 변하기 쉽다는 말은 한 사람의 장점을 얼마나 쉽게 발견할 수 있느냐 하는 것에 달려 있다.

라 로슈푸코, 〈잠언집〉

♥

적과 화해하고자 하는 것은 분쟁의 권태와 그로 인해 생기게 될 재난의 두려움으로부터 더 좋은 관계를 유지해 보고자 하는 욕구에 의한 것이다.

라 로슈푸코, 〈잠언집〉

♥

노상 우는소리만 하며 우울해 하는 인간들을 때로는 피할 필요도 있다. 이와 같은 이들은 자신의 분을 옆 사람에게 풀어보려고 하는 경향이 있다. 신의 있고 관대한 이에게도 늘 자신의 불만을 토로하는 친구는 우리의 평온한 마음을 불안한 상태로 바꾸어놓는 적이 될 수 있다.

세네카, 〈마음의 평온함에 대하여〉

♥

아무리 스스럼없이 친했던 이도 멀리 떨어져 있으면 소원해지게 되어 있다. 눈에서 멀어진 친구들은 시간이 흘러감에 따라 소중한 친구의 대열에서 서서히 뒤로 물러나 느낄 수 없을 만큼 천천히 모호한 관계가 되어 끝내는 멀어지게 되는 것이다. 그리하여 의식적인 관계로 발전하게 되어 서로에게 소홀하게 되는 것이다. 함께 있을 때는 발랄하고 조심성 있던 관계도 동물을 사랑했던 때와 별 다를 바 없는 관계가 되고 마는 것이다.

쇼펜하우어, 〈지혜로운 삶에 대한 격언〉

♥

한 순간에 자신이 알고 있던 사람과 이별해야 하는 일은 매우 슬픈 일이다. 오랜 시간이 지나야 친구가 그 자리에 더 이상 존재하지 않는다는 사실을 스스럼없이 받아들일 수 있게 된다. 늘 함께 했던 이와의 이별은 그것이 일시적인 것이라 할지라도, 늘 우리를 견딜 수 없게 한다.

오스카 와일드, 〈잠언집〉

♥

인간은 친구에게서 그의 운이 좋건 나쁘건 상관하지 않고 그들만이 갖고 있는 미덕을 보려고 노력해야 할 것이다. 그리고 그들이 불행 속으로 빠져들려고 할 때엔 올바른 길로 가도록 옆에서 큰 힘이 되어 주어야 할 것이다.

라 브뤼에르, 〈인물론〉

두 명의 친구가 길을 가다 위험한 상황에 처하게 되었다. 커다란 어미 곰 한 마리가 갑자기 앞을 막아선 것이다. 그러자 그들 중 한 명이 몸을 숨기기 위해 황급히 나무 위로 기어올라갔다. 그러자 다른 한 명은 재빨리 쓰러져 죽은 척했다. 곰이 주둥이를 그에게 가까이 가져갔다. 그리고 잠시 후 나무 쪽으로 다가왔으나 주위에 사람이 있다는 사실을 눈치 채지 못하는 것 같았다. 그는 곰이 숨을 쉬지 않으면 인기척을 느끼지 못한다는 사실을 익히 들어 알고 있었기에 숨을 쉬지 않고 있었던 것이다. 곰이 자리를 뜨자 나무 위에 올라가 있던 친구는 재빨리 내려와 자기 친구에게로 가서 곰이 좀 전에 다가와 무슨 말을 했는지 물었다. 그러자 친구는 이렇게 말했다. "앞으론 위험에 처했을 때 혼자만 도망가는 친구와는 여행을 떠나지 말라."라고 하더군.
이 우화는 불행이 들이닥쳤을 때 진정한 친구를 알아볼 수 있다는 교훈을 주고 있다.

이솝 우화

친구나 부모가 밤새 장관이 될지 누가 알겠는가! 오래된 사교 관계나 이웃지간의 도리를 다하는 일에 맹목적인 이들을 주위에서 많이 보았을 것이다. 이들은 집안이 좋은 친구의 족보를 훑어 고조부까지 거슬러 올라가 아버지 쪽인지 어머니 쪽인지까지 따져보는 일에 온통 신경을 곤두세운다. 집안이 좋은 사람에게는 여기저기에서 손을 뻗쳐오기 마련이다. 그리고 이들은 자신이 빽 있는 사람이라는 것을 과시하고자 한다. "저 친구, 나하고 친군데 내 덕을 참 많이 보았었어, 나랑 아주 가까운 친구야."라고 말하며 으스대기를 좋아한다. 자신의 부를 쌓기에 여념이 없는 이러한 추종자들에 대해 당신도 잘 알고 있을 것이다. 얼마 되지 않은 사이에 왕족이 되어버린 친구가 당신 주위에도 존재하는가? 그렇다면 당신 역시 그와 좀더 친해지고자 노력한 적은 없는지 다시 한 번 잘 생각해 볼 필요가 있을 것이다.

라 브뤼에르, 〈인물론〉

우정이라 부르는 것은 사람을 사귐에 있어 서로를 배려할 줄 알고, 서로에게 헌신할 줄 아는 관계라 할 수 있다. 즉, 서로가 자부심을 느낄 수 있는 관계를 우정이라 부를 수 있는 것이다.

라 로슈푸코, 〈잠언집〉

소중한 사람을 싫어하는 이보다 더 어렵게 생각해야 할 필요가 있다.

크리스틴 드 스웨드, 〈잠언집〉

한 염소지기가 자기 염소들이 풀을 뜯어먹는 것을 지켜보고 있었다. 그런데 그때 갑자기 야생 염소들이 몰려와 자기 염소들의 풀을 뜯어먹는 것이었다. 이를 보고 있던 염소지기는 밤이 되기를 기다렸다가 야생 염소들을 자신의 목장으로 몰고 가려고 시도해보았지만 실패하고 말았다. 이튿날, 또다시 목장으로 야생 염소들을 몰아넣으려 하자 거센 소동을 일으켜 어쩔 수 없이 다시 놓아주어야만 했다. 한편 자기 염소들은 야생 염소들 때문에 풀을 배불리 뜯어먹을 수가 없었다. 그러나 염소지기는 야생 염소들의 환심을 사기 위해 매일 그들에게 풍부한 먹이를 주었다. 그리고 적절한 시기가 되었다는 판단이 서자 다시 야생 염소들을 자신의 목장으로 끌고 가려고 하였지만 야생 염소들은 언덕 위로 도망가 버렸다. 그러자 염소지기는 힘들여 보살펴 줬는데 자신을 버리고 가 버린다며 은혜도 모르는 배은망덕한 염소라고 비난했다. 그랬더니 야생 염소들이 되돌아와 이렇게 반박했다. "당신이 우리를 보살펴 준 데는 그만한 이유가 있지 않았나요? 우리가 당신이 갖고 있던 염소 무리보다 욕심이 나니까 우리한테 그만큼 정성을 쏟았을 테죠. 훗날 당신은 우리말고 더 욕심이 나는 무리가 나타나면 또 지금과 같은 전철을 밟을 게 뻔하잖아요."

이 우화는 새로운 친구를 사귀었다고 해서 오래된 친구에게 소홀히 해서는 안 된다는 것을 단적으로 보여준다. 당신도 수많은 경험을 통해 오래된 친구가 새로 사귄 이보다 훨씬 소중하다는 사실을 익히 알고 있을 것이다.

이솝 우화

♥

옛날에 사티로스와 우정을 맺은 한 인간이 있었다. 얼음이 꽁꽁 어는 추운 겨울이 되자, 인간은 손을 입으로 가져가 '호~' 하고 불었다. 이를 보고 있던 사티로스가 왜 그런 행동을 하느냐고 묻자 그는 손이 시리니까 따뜻하게 하려고 그런 것이라 대답했다. 또 어느 날, 음식을 먹으려고 그들이 상에 나란히 앉게 되었다. 음식이 너무 뜨거워 제대로 먹을 수 없게 되자, 인간은 음식을 잘게 잘라 입으로 가져가 먹기 전에 '호~' 하고 불었다. 이를 본 사티로스가 또다시 그 이유를 물었다. 그러자 그는 너무 뜨거워서 식혀 먹으려고 그런다고 했다.
"정말 대단한 친구군."
사티로스는 다음과 같은 결론을 내렸다. "우리 친구 관계를 끊기로 하세! 어떻게 입이 하나인 자네가 한입으로 때에 따라 편리할 대로 차갑게도 따뜻하게도 맘대로 바람을 만들어 낼 수 있다는 겐가?"
이 우화는 태도가 모호한 인간들과 친구 관계를 맺어서는 안 된다는 교훈을 주고 있다.

이솝 우화

요컨대, 우리가 일반적으로 친구와의 우정이라 부르는 것은 서로 스스럼없이 말할 수 있는 허물없고도 친밀한 관계를 이른다. 내가 말하고자 하는 우정은 서로 힘을 합쳐 하나의 감정을 공유하는 것이다. 그리고 누군가가 내게 왜 우정을 사랑하느냐고 묻는다면 그것은 말로 표현하기 힘든 감정이라 답할 것이다.

몽테뉴, 〈우정에 대하여〉

우리는 어떻게 알게 되었는지도 모른 채 서로를 갈구해 왔다. 우리의 관계는 하늘의 뜻이 아니었나 싶다. 우리가 처음 만난 것은 마을의 성대한 축제에서였다. 그 자리에 우연히 함께 자리를 하게 되었고 서로 알게 되는 계기가 되어 지금까지 우정을 키우게 되었다. 그날 이후로 우리 사이에 끼여들 엄두를 내본 이는 아무도 없었다.

몽테뉴, 〈우정에 대하여〉

사실 내 남은 인생을 다 바친다 하더라도 고뇌로부터 나를 구해주고 마음의 평온을 되찾게 해준 친구를 잃지 않을 수만 있다면 하나도 아깝지 않을 것이다. 지난 4년을 뒤돌아보면 화가 나거나 서글픈 날, 나와 함께하며 나를 달래준 이는 바로 친구였다. 그러나 그를 잃은 이후로 그것이 나는 활기 없는 나날을 보내왔다. 비록 기쁜 일이 찾아와도 나를 달래주기는 커녕 그 친구를 잃은 고통은 오히려 배가 되는 것 같았다. 기쁜 일이 있을 때면 늘 그와 함께 했었기에 그가 가져야 할 기쁨까지 내가 훔친 기분이 들었다.

몽테뉴, 〈우정에 대하여〉

관대함

타인이 부러워할 정도로 가치 있는 삶의 방식을 우리 것으로 익혀둘 필요가 있다. 마찬가지로 가까이에 있는 이들의 삶의 방식이 또 그만한 가치가 있는 것이라면 존중해줄 필요가 있다.

에피쿠로스, 〈바티칸 궁의 격언〉

모든 일에는 두 개의 손잡이가 존재한다. 한 쪽은 우리가 들 수 있는 손잡이이고, 다른 한 쪽은 우리가 들 수 없는 손잡이이다. 형제가 잘못을 했다면 그가 잘못을 한 쪽의 손잡이를 붙잡지 마라. 그 손잡이를 잡으면 그 일을 해결해 나가는 데 아무런 도움도 주지 못할 테니까. 그러니 그 반대편의 손잡이를 잡도록 하라. 그러면 당신의 형제와 당신은 모두 좋게 일을 해결할 수 있을 것이다. 그러니 당신이 들을 수 있는 쪽의 손잡이를 잡도록 하라.

에픽테토스, 〈에픽테토스 개론〉

♥

늘 솔직할 수 있는 용기를 가진 자는 인격 전체에 대담함이 넘쳐흐른다. 남에게 의지하지 않는 독립심이 강한 그는 자신에게나 타인을 대할 때 늘 한결같다. 두려움이나 공포에 사로잡혀 있지 않은 그는 사랑은 미덕으로, 증오는 악덕으로, 경멸은 경멸로 대할 줄 아는 사람이다. 고귀하고 아름다운 줄기에서 황금가지가 돋아나는 법이기에.

몽테스키외, 〈진실함에 대한 찬사〉

삶을 풍요롭게 하는 평온함의 미덕

아첨이 담긴 천 번의 칭찬보다 정직한 이의 신의로운 말 한마디가 훨씬 값진 법이다.

중국 격언

♥

단 한 번의 만남도 하늘이 맺어준 인연에 의한 것이다.

중국 격언

♥

입장을 바꿔놓고 생각해봐야 비로소 상대방의 마음을 헤아려볼 수 있는 법이다.

중국 격언

♥

너무 서두르기만 하는 자는 모든 상황을 정확히 파악하기 힘들다. 신중한 이는 침착하게 자신의 모든 상황을 정확히 검토하는 법이다.

중국 격언

♥

인간은 너무 애지중지 키워 습관을 잘못 들인 아기와 흡사한 면을 많이 가지고 있다. 따라서 인간에게 너무 사랑으로만 관대하게 대하면 안 된다. 대개의 경우, 친구에게 빌려주지 않고 아예 그것을 줘버리면 친구는 많아지게 되어 있다. 마찬가지로 거만하거나 무시하는 태도로 대하지 않고 자상하고 친절하게 대하면 친구들은 잘 따르게 되어 있다. 그러나 이런 방식으로 버릇 들인 친구들은 건방지고 비위에 거슬리는 행동을 일삼게 되어 있다. 그 결과, 절교를 하게 되는 경우가 허다하다. 여기에서 강조하고자 하는 것은 인간은 모든 것을 참아내기만 할 수는 없는 존재라는 것이다. 끝내는 자만심에 빠져 모든 것을 제멋대로 하려 할 것이 뻔할 테니까 말이다.

쇼펜하우어, 〈지혜로운 삶에 대한 격언〉

누군가가 당신에게 거짓말을 한 것 같은 느낌이 든다면, 그가 한 말을 정말 믿는 것처럼 행동하라. 그러면 뻔뻔스럽게도 그는 더 많은 거짓말을 하고 다닐 것이고, 언젠가 사람들이 그의 거짓을 폭로하게 되는 날이 올 것이다. 이와 반대로 그가 그 자리를 모면하기 위해 한 거짓말을 지적하거나 의심스럽다는 듯한 행동을 보여 그를 자가당착에 빠지게 한다면 진실이 밝혀지기는커녕 더욱 왜곡된 채 일만 더 커지게 될 것이다.

쇼펜하우어, 〈지혜로운 삶에 대한 격언〉

행복의 원천은 편견을 갖지 않는 데서 시작된다. 편견은 우리에게서 행복을 앗아가는 주범이다. 사람들이 우리를 신뢰하도록 만드는 것은 전적으로 우리의 몫이다. 예를 들어 2 더하기 2가 4인지 5인지는 누구나 다 아는 사실일 것이다. 현대를 살아가는 이들이 이 문제에 답하기가 힘들 만큼 우리의 교육 환경이 열악하지는 않기에.

마담 드 샤틀레, 〈행복에 대한 담화〉

오늘날에 이르기까지 당신은 신이나 부모, 형제, 부인, 자식들, 주인, 지배자, 친구나 친한 이들 혹은 고용인에게 어떻게 처신해 왔는가? "사람에게 해를 끼치는 말이나 행동을 삼가라"라는 원칙을 그들에게 지켜왔다고 생각하는가?

마르쿠스 아우렐리우스, 〈명상록〉

♥

사람들이 당신의 말에 귀를 기울여 주는 일은 기쁜 일이다. 그러나 사람들이 당신의 말에 귀를 기울여 주지 않는다면 이는 더욱 기뻐할 일일 것이다.

맹자

타인의 슬픔을 같이 해주기엔 우리네 인생이 너무도 짧다. 우리 인간은 자기 자신에게 주어진 인생을 살아가기에도 급급하다. 더군다나 실수를 할 때마다 그에 대한 대가를 치러야 한다는 사실은 매우 유감스러운 일이 아닐 수 없다. 실제로 우리는 끊임없이 희생을 치르고 또 치러야 하는 경우가 많다. 그러나 수많은 인간과 관계하는 운명은 이를 감안해 주지 않는다.

오스카 와일드, 〈잠언집〉

♥

자신이 행복한 것은 자기 자신과 조화를 이루었다는 것을 뜻한다. 반대로 갈등을 일으키는 것은 타인과 무리하게 조화를 이루려 하기 때문이다.

오스카 와일드, 〈잠언집〉

♥

우리가 징벌을 내릴 때는 아무 것도 무서울 게 없지만 반대로 우리가 징벌을 당하는 입장에서는 자신감을 잃는 경향이 있다.

크리스틴 드 스웨드, 〈잠언집〉

♥

자화자찬하는 이는 별 볼일 없는 사람이다.

노자

♥

늘 좋은 말만 하는 이들에게는 친구보다 적이 많은 법이다.

공자

♥

자신의 성공을 너무 높이 평가하는 자는 이미 실패한 것이나 다름없다.

중국 격언

신의로운 말은 귀에 거슬리고 신의롭지 못한 말은 귀에 거슬리지 않는 법이다.

노자

♥

취중에 하는 말이 진실한 말이다.

중국 격언

♥

자신의 능력을 감출 줄 아는 자가 이를 과시하는 자보다 훨씬 훌륭한 사람이다.

리-췌

♥

집에서 새는 바가지가 밖에서도 새는 법이다.

중국 격언

♥

이성이 있는 모든 인간에게는 공통점이 많다. 이들은 인간의 본성에 적합한 것들을 사랑한다. 그리고 무조건 다수의 의견을 수렴하는 것이 아니라 인간의 본성에 따른 점들을 고려할 줄 안다.

마르쿠스 아우렐리우스, 명상록

♥

주제 넘은 질문을 해서는 안 될 것이다. 당신이 그런 질문에 대한 대답을 해줘야 할 때도 있을 테니까.

오스카 와일드, 〈잠언집〉

♥

너무 빨리 앞으로 나아가는 자가 뒤로 처지기도 쉬운 법이다.

맹자

♥

대부분의 이들은 자신의 비밀을 죄스럽게 여긴다.

크리스틴 드 스웨드, 〈잠언집〉

♥

우리 모두는 타인의 죄를 용서할 만한 능력이 충분하다

라 로슈푸코, 〈잠언집〉

♥

우리는 우리의 잘못을 타인에게 진심으로 속죄하기 위해 그 죄를 고백하는 것이다.

라 로슈푸코, 〈잠언집〉

♥

갑자기 들이닥치는 커다란 행복이나 커다란 재앙을 제외하고 실제로 우리에게 크게 영향을 주는 것은 거의 없다. 우리는 수치스러운 악의라는 본성 때문에 죄를 범하고 이 죄를 씻기 위해 선행을 흉내 내는 것인지도 모른다.

라 로슈푸코, 〈잠언집〉

수많은 사람들이 똑같은 관심거리를 갖기란 어렵지만 원활한 사회 생활을 위해선 적어도 반대의 관심거리는 갖지 않도록 노력할 필요가 있다. 따라서 친구의 마음에 들 수 있게 그들에게 유익한 일을 추구하여 그들에게 혹여 슬픈 일이 있더라도 슬픔을 같이 해주며 슬픔에서 벗어날 수 있도록 노력해야 할 것이다. 너무 성급하게 그들이 슬픔에서 벗어나 주기를 재촉하지 말고 조금씩 유쾌한 일을 제시하여 그들의 아픈 가슴을 즐거움으로 채워주어야 할 것이다. 그들이 직면해 있는 일에 대해 조언을 해주며 할 수 있는 한 자신의 진가를 발휘하여야 할 것이다. 최대한 공손하게 그들에게 다가가야 할 것이다.

그러나 이러한 인간미조차도 때로는 친구의 마음 깊숙한 곳에 미치지 못할 경우가 있다. 그들은 자신들이 아파하는 사실을 타인에게 드러내 보이고 싶어할 때가 많다. 그 아픔이 지금까지 그들이 경험하지 못했던 자신들의 마음 깊숙한 곳으로 파고드는 것일 때는 더욱 그러하다. 우호적으로 대하고 솔직하게 많은 이야기를 해줄 수 있는 예의 바른 이는 많지만 우호 관계를 유지하기 위해 필요한 여러 의견을 잘 수렴해 보려는 분별력을 지닌 이는 거의 없다. 따라서 어느 정도까지는 그들을 격려해 주던 이들도 이를 포기하고 더 이상 그들이 아파하는 원인을 알고 싶어하지 않게 된다.

우리가 어떠한 사물을 보기 위해선 그만한 거리를 유지하는 것이 필요하듯, 우호 관계를 유지하기 위해서도 그만큼의 거리를 두는 것이 필요하다. 인간은 각자 자신의 관점을 가지고 있기 마련이다. 그리고 그러한 자신들의 관점이 드러나기를 원한다. 그러나 대부분의 인간은 자신이 아파하는 원인에 대한 진상이 너무 자세히 밝혀지는 것은 바라지 않는다. 모든 상황에서 자신의 있는 그대로의 모습이 보여지기를 바라지 않기 때문이다.

라 로슈푸코, 〈잠언집〉

♥

남을 비난하는 것을 삼가라. 은근히 귀에 거슬리는 말이나 겉으로 직접 드러나진 않지만 갈등을 빚는 발언, 혹은 은근히 충고를 하는 식의 말을 하였다고 하여 그의 자존심을 상하게 하거나 그를 비난해서는 안 될 것이다.

마르쿠스 아우렐리우스, 〈명상록〉

♥

할 수만 있다면 양보하라. 그리고 역부족의 일이라는 생각이 들 땐 호의를 베푸는 마음으로 임하라. 신들조차도 이러한 부류의 인간들에게는 관대하다. 이들이 건강과 부와 명예까지 얻을 수 있도록 수없이 많은 도움을 주는 우리의 신들은 얼마나 위대한 존재인가! 이는 당신에게도 마찬가지이다. 당신에게도 충분히 일어날 수 있는 일이다. 혹여 누군가가 당신을 저지하려 든다면 내게 말하라.

마르쿠스 아우렐리우스, 〈명상록〉

♥

누군가가 실수를 한다면 친절히 그에게 잘못된 점을 지적해 주어라. 그리고 당신이 그렇게 할 수 없더라도 이를 당신 탓으로 돌리지는 말라.

마르쿠스 아우렐리우스, 〈명상록〉

♥

나무가 이미 배가 된 격이다.

중국 격언

♥

이미 지나간 일 때문에 불행해 하며 후회하는 일이 무슨 소용이 있겠는가!

중국 격언

♥

제 아무리 큰 불행이라 할지라도 화목한 한 가정의 틀을 뚫고 지나가지는 못하는 법이다.

중국 격언

♥

인간은 자신이 행복할 때는 자신이 행복하다는 사실을 모른다. 물 위에 떠 있는 배 안에서는 물이 흐르고 있다는 사실을 모르는 것처럼.

중국 격언

누군가에게 만족을 느낀다는 것이 얼마나 어려운 일인가!

라 브뤼에르, 〈인물론〉

♥

배은망덕한 짓이나 부당하고 오만한 행위를 했다거나, 이기적인 모습을 보이며 타인을 망각하는 행위를 했다고 해서 그를 가혹하게 나무라서는 안 될 것이다. 이런 과정을 거쳐 한 인간의 본성이 형성되는 것이다. 갑자기 돌이 굴러 떨어지거나 화재가 발생한다면 그가 이를 어찌 감당해낼 수 있겠는가.

라 브뤼에르, 〈인물론〉

당신이 선과 악을 서로 분리하여 정의로운 이와 부정한 이를 분별할 수는 없을 것이다. 이들은 검은 실과 흰 실이 함께 짜여진 베처럼 하늘 아래 한 곳에 존재해 있기 때문이다. 검은 실이 떨어져야 직조공도 베의 전체 짜임새를 확인하며 자신의 솜씨를 재검토해 볼 수 있는 법이다

칼릴 지브란, 〈예언자〉

♥

모든 것에 초탈한 사람이 되고자 한다면, 사람을 사귀어 가며 겪게 되는 슬픈 일에 용기가 꺾여서는 안 될 것이다. 인체 해부학자가 그 분야에서 인정받는 사람이 되기 위해선 시체에 대한 거부감을 이겨내야 하듯, 사람들을 알아가기 위해선 그들이 토로하는 불평에 익숙해질 필요가 있다.

샹포르, 〈격언과 고찰〉

♥

사랑 받기를 원한다면 먼저 다정한 말과 자비로운 마음으로 사랑을 베풀어라. 그러면 당신은 더욱 많은 사랑을 받을 수 있게 될 것이다. 예의 바른 행동은 훌륭한 이들의 사교 비법이라 할 수 있을 것이다.

그라시앙, 〈조신〉

♥

우리 모두에게 나름의 장점이 있다는 사실을 깨닫는 것은 매우 유익한 일이다. 슬기로운 이는 모든 사람을 존중할 줄 아는 법이다. 그는 인간 각자가 갖고 있는 장점을 너무도 잘 파악하고 있기에 그들이 그만한 대우를 받아 마땅하다고 생각한다.

그라시앙, 〈조신〉

♥

모든 사람에게 단점과 장점이 있다는 사실을 모르는 이는 아무도 없다.

크리스틴 드 스웨드, 〈잠언집〉

♥

단 한 번의 커다란 행복감이 그 동안 겪은 수많은 일로 상처받았던 마음을 치유해주는 법이다.

중국 격언

♥

행복한 이에게는 늘 여유가 느껴진다.

중국 격언

♥

아침에 잘 보이던 길도 하룻저녁 사이에 갑자기 안 보이게 될 수가 있는 법이다.

중국 격언

사회 생활을 하는 인간이 더 행복한 삶을 영유하기 위한 방법에서 짐승보다 유리한 점은 하나도 없다. 그러나 신은 인간이 공동 생활을 함으로써 서로 서로에게 삶을 살아가는 안내자가 되어주기를 희망한다. 타인의 눈을 통해 자신에게 감춰진 이기심을 볼 수 있게 되기를 바라며, 서로에 대한 신뢰감을 바탕으로 서로의 장·단점을 말해 줄 수 있기를 소망한다.

몽테스키외, 〈진실함에 대한 찬사〉

감정이나 기분에 좌우되지 말고, 올바른 것만 생각하고 말하려고 노력해야 할 것이다. 그러나 이를 행하기 위해선 많은 노력이 필요할 것이다.

라 브뤼에르, 〈인물론〉

누군가에게 얽매이는 게 싫어서 남의 충고를 귀담아 듣지 않고 스스로 올바른 길에서 벗어난 길을 택하는 이가 있는가 하면, 친구들로부터 다양한 방면에서 간섭받기를 자청하며 자신도 그들이 중대한 일에 처해 있을 경우 간섭하기를 주저하지 않는 이들도 있다.

라 브뤼에르, 〈인물론〉

아이들은 불손하고 건방지며 성을 잘 내고 시샘도 많다. 또한 호기심이 많아 참견하기 좋아하며 무기력하고 변덕스러우며 수줍음 많고 무절제하며 속을 감춘 채 거짓말도 잘한다. 너무 쉽게 웃고 너무 쉽게 눈물을 보이는 이들은 매우 사소한 일에 기뻐하고 괴로워한다. 이들은 자신이 괴로운 것은 참지 못하면서 남에게 아픔을 주는 일은 너무도 쉽게 한다. 이런 아이들의 모습이 우리들의 모습과 너무 흡사하지 않은가.

라 브뤼에르, 〈인물론〉

사회 생활

자신의 감정을 억제할 줄 모른다는 것은, 살아가는 방법 또한 모른다는 것을 의미한다.

크리스틴 드 스웨드, 〈잠언집〉

♥

운명은 사람들을 바꿔놓는다. 그러나 때로는 그가 쓰고 있는 가면을 벗겨버리기도 한다.

크리스틴 드 스웨드, 〈잠언집〉

♥

덕망 있는 사람을 만나면 그를 닮으려고 노력하고 덕이 없는 사람을 만나면 당신의 모자란 점이 얼마나 되는지 측정해 보는 수단으로 삼도록 하라.

공자

♥

모든 직업에서 사람들은 겉모습을 매우 중시 여긴다. 그들은 모든 형상이 자신이 원하는 방향으로 타인에게 비춰지기를 원한다. 이 세상은 순전히 겉으로 보여지기 위해서 존재하는 곳이 아닌가 싶다.

라 로슈푸코, 〈잠언집〉

♥

우리 모두에게 책을 연구하는 일보다는 인간을 연구하는 일이 더 가치 있는 일일 것이다.

라 로슈푸코, 〈잠언집〉

♥

올바른 인간은 정의로운 관점에서 모든 일을 고찰하려 하고, 속된 인간은 자신에게 이로운 관점에서 모든 일을 고찰하려 한다.

공자

♥

우리는 어떤 한 명의 인간보다는 순수할 수 있다. 그렇다고 해서, 우리가 이 세상 사람들 중에서 가장 순수하다고 말할 수는 없을 것이다.

라 로슈푸코, 〈잠언집〉

♥

감언이설로 합리적이고 쾌활한 이들을 사귀기는 힘든 법이다. 설사 그러한 이들과 친해진다 하더라도 우리가 그에게 말하고자 하는 것에 진심으로 응해주는 것은 아닐 것이다. 교활하고 아첨 잘 하는 인간들은 오직 자신이 매력적으로 보이는 데에만 전력을 다하며 스스로 만족한다. 그들의 눈과 마음속은 늘 자신이 말하고자 하는 것으로 대화의 화제를 바꿔보려는 생각이 가득하다. 그들은 온통 어떻게 하면 타인을 설득하여 호감을 사고, 또 그러한 결과에 스스로 만족을 느낄 수 있을까 하는 생각뿐이다. 따라서 이러한 이들이 대화를 할 때 잘 들어주고 잘 응해 주는 것은 모두 그들의 치밀한 계산에 의한 것이라 할 수 있다.

라 로슈푸코, 〈잠언집〉

♥

길을 가는 사람 중에서 아무나 세 명을 붙들어도 그들에게서 배울 점은 반드시 있다. 단, 그들의 장점은 배우고 단점은 배우지 않도록 유의하면 되는 것이다.

공자

♥

중대한 상황에 처했을 경우 대부분의 사람들은 자신들의 본 모습을 드러내지만, 세세한 일 앞에서는 늘 가면을 쓰고 임한다.

샹포르, 〈격언과 고찰〉

♥

천 번의 탄원보다는 단 한 번의 협박이 효험이 큰 법이다.

중국 격언

♥

늘 다음과 같이 하라. 운명이 당신을 국가의 요직으로부터 격리시키려 한다 해도 꿋꿋하게 버텨라. 그리고 그들에게 당신을 격려해 줄 것을 요구하라. 그들이 설사 당신의 말을 무마시키려 할지라도 완강히 대항하라. 그리고 묵묵히 당신을 지지해 줄 것을 요구하라. 한 양민의 활약이 결코 헛된 것이 되어서는 안 될 것이다. 사람들은 이에 주목하고 경청할 필요가 있다. 얼굴에 나타난 표정과 고갯짓, 무언의 확고한 태도와 걸음걸이까지도 말이다.

세네카, 〈마음의 평온함에 대하여〉

♥

직업을 선택할 때 확실한 목표가 없어 방황하는 이들은 자신의 의지와 상관없이 우연히 자신에게 주어진 일을 맡게 된다. 이들은 무의식적으로 헛되이 불안함을 느끼며 일개미처럼 나무 꼭대기까지 올라갔다가 다시 땅바닥으로 내려오는 식의 일을 되풀이하게 된다. 그러나 너무도 많은 이들이 이러한 방식으로 인생을 살아가며 불안에 사로잡힌 채 수수방관하고 있다.

세네카, 〈마음의 평온함에 대하여〉

우리가 번민하는 이유 중의 하나가 여기에 있다. 그것은 우리가 위임 받은 일을 수행할 때 한 사람의 역할을 제대로 소화해 내지 못할 때이다. 우리 중에 수많은 이들이 남들에게 비춰지는 겉모습에 치중하여 인위적인 삶을 살아간다. 실제로 우리는 끊임없이 그런 자신에게 신경 써야 한다는 강박 관념에 휩싸여 고통을 받는다. 그리고 평소에 다른 이들에게 비춰지는 자신의 모습이 다른 관점으로 보여질까봐 두려워한다. 그리하여 한숨 돌릴 시간적 여유를 느껴보지도 못한 채 자신의 겉모습을 타인이 어떻게 판단할지 궁금해한다. 늘 가면을 쓴 채 매순간을 조심하며 보내야 하는 이러한 이들에게 유쾌하고 평화스러운 삶이 있을 수 있겠는가.

세네카, 〈마음의 평온함에 대하여〉

여론에 너무 민감한 반응을 보이는 것은 남의 의견에 맹목적으로 집착하는 것이나 다름없다. 이러한 집착은 선천적으로 인간의 본성에 깊이 뿌리 박혀 있는 것일 수도 있고 사회 생활이나 문화 생활로 인해 후천적으로 자리잡은 증상일 수도 있다. 그러나 절대 간과해서는 안 될 점은 이러한 사고 방식이 우리와 관련되어 나타나는 모든 상황에 작용하여 우리의 행복을 망쳐놓을 수도 있다는 것이다.

쇼펜하우어, 〈지혜로운 삶에 대한 격언〉

개인의 행복에 대한 문제에 직면했을 경우, 우리는 너무 타인의 의견에 귀를 기울여서는 안 될 것이다. 그럼에도 불구하고 이러한 행위를 자청

한다면 단 하루도 편할 날이 없을 것이다. 대부분의 사람들은 남의 시선이나 생각을 가장 가치 있게 여기는 경향이 있다. 그러다 보면 자기 자신의 생각이 아닌 남의 생각대로 살아가는, 그야말로 꼭두각시 같은 인생을 살아가고 있는 자신을 발견하게 될 것이다. 머리 속이 온통 남의 생각으로만 가득 찬 허울뿐인 존재로 말이다. 이러한 노골적인 평가를 받는 존재를 우리는 허영심으로 가득 찬 공상가라 부른다.

쇼펜하우어, 〈지혜로운 삶에 대한 격언〉

♥

자신에 대한 이야기를 하는 것에만 너무 열을 올린다면 훗날 우리의 이야기에 귀를 기울이는 자는 한 명도 남지 않을 것이다.

라 로슈푸코, 〈잠언집〉

♥

인간의 속마음은 겉으로 드러나게 되어 있다.

그라시앙, 〈조신〉

♥

인간에게는 새로 만든 항아리와 흡사한 면이 많다. 새로 만든 항아리에 술을 부으면 그 항아리에서는 늘 술 냄새가 가시지 않는 법이다.

그라시앙, 〈조신〉

♥

인간에게 기대할 수 있는 것이 무엇인지를 개별적으로 정확히 파악하라. 그런 다음 세상에 뛰어들어라.

라 브뤼에르, 〈인물론〉

♥

우리가 일상적으로 사람들과 나누는 대화에서 필요 없이 유치할 정도로 너무 신경을 곤두세운다면 타인에게 말을 하거나 듣는 일에 과중한 부담을 느끼게 될 것이다. 그리고 영구히 스스로를 책망하며 타인과의 대화에서도 유익하지 못한 결론을 이끌어내 상황만 더 나쁘게 몰고 가게 될 것이다. 따라서 모든 부류의 인간들에게 자신을 철저히 적응시킬 필요가 있을 것이다. 그리고 현재의 관건인 대수롭지 않은 생각은 필요한 약으로 받아들일 필요도 있을 것이다. 가는 말이 고와야 오는 말도 고운 법이다. 따라서 아롱스의 격언이나 멜랭드가 자기 자신의 우울함이나 골칫거리, 불면증에 대해 말한 것을 유심히 보아둘 필요가 있을 것이다.

라 브뤼에르, 〈인물론〉

♥

수많은 인간이 자기 자신에게는 아무 것도 바라지 않으면서 타인에게 많은 것을 요구한다.

공자

♥

사람들이 대화할 때를 가만히 살펴보면, 공연히 허영심이나 기분에 따라 너무 들떠 있는 모습이 보일 때가 있다. 자신이 모르는 일에 대한 질문을 받았을 때도 자신을 과시하고 싶은 욕구에 사로잡혀 타인의 반응에는 전혀 개의치 않은 채, 자신의 생각대로 말을 내뱉는 경우가 허다하다. 진실과는 매우 동떨어진 얘기를 말이다. 그 누가 이러한 유익하지 못한 내용의 대화를 귀담아 들으려 하겠는가.

라 브뤼에르, 〈인물론〉

♥

평판이나 행복에 너무 집착하는 사람은 자신의 생각을 드러내지 않으려 아무리 애써도 타인의 눈에 띄어 우스운 사람이 되는 경우가 많다.

라 브뤼에르, 〈인물론〉

아랫사람의 마음이 편해야 윗사람의 마음이 편한 법이다.

르 위 킹

♥

우리는 세상 사람들을 속이기 위해 아침마다 눈을 뜨고 하루 온종일 남을 속인 후 매일 저녁을 마감하는지도 모른다.

라 브뤼에르, 〈인물론〉

♥

세상에는 단 두 부류의 인간들만이 존재한다. 자신의 인생을 재치 있게 살아가는 인간과 자신의 인생을 어리석게 살아가는 인간이 그들이다.

라 브뤼에르, 〈인물론〉

♥

자그마한 행복을 무가치한 것으로 여기지 않고 자그마한 불행을 불행으로 여기지 않는 자가 행복한 사람이다.

공자

♥

사람의 얼굴은 그의 성격과 품성을 그대로 드러내 보이기도 하지만 그의 경제적 능력을 나타내 주기도 한다. 수입이 많고 적음은 그의 얼굴에 그대로 드러나게 되어 있다.

라 브뤼에르, 인물론

♥

앞날을 생각하지 못하는 사람은 자신이 목이 마르면 그제서야 우물을 판다.

중국 격언

♥

사람들은 경제적으로 자신보다 못한 이에게는 우쭐대며 거만하게 행동하지만, 자신보다 잘사는 이에게는 비굴하게 굽실거리는 경향이 있다. 사람의 장점이나 미덕을 중시하지 않고 재력이나 사회적 위치, 명예, 학력을 중시 여기는 이러한 좋지 않은 습관은 우리를 우리보다 못한 위치에 있는 이를 업신여기고, 우리보다 나은 위치에 있는 이를 우러러보게 만든다.

라 브뤼에르, 〈인물론〉

♥

백 번 "안 돼"라고 말하는 것이 한 번도 "돼"라고 말하지 않는 것보다 나은 법이다.

중국 격언

♥

무례한 언행은 단순한 악습에서 우러나오는 행동이 아니다. 이는 악습 중에서도 가장 나쁜 총체적인 악습이다. 어리석은 허영심과 자신의 본분을 망각한 부주의, 타인을 업신여기고 시샘하는 태도를 모아 놓은 가장 나쁜 버릇이다. 이러한 가증스런 행동을 타인에게 널리 행사하는 일은 그것이 겉으로 드러나는 것이기에 더욱 나쁜 것이다. 여기에서 우리가 꼭 알아두어야 할 점은 무례한 행동이 무례한 행동을 낳는다는 사실이다.

라 브뤼에르, 〈인물론〉

♥

사람들은 자신의 장점을 최대한 살려 잘 처리할 수도 있는 상황을 무기력하고 헛되이 처리하는 경향이 있다. 그리고 자신의 처지나 품성에 어울리지 않는 이에게 비위를 맞추는 데 급급해한다.

라 브뤼에르, 〈인물론〉

융통성을 길러라, 그러나 자기 자신이 흔들려서는 안 될 것이다. 유약함을 길러라, 그러나 자기 자신은 강해져야 할 것이다.

리-췌

사람의 첫인상으로 그를 평가해서는 안 될 것이다. 겉모습보다는 내면적 품성에 비중을 두어야 할 것이다. 검소한 외관은 장점을 가리는 역할을 하고 위선적인 겉모습은 간교함을 교묘히 감춰준다. 이를 분간하여 제 목소리를 내는 사람은 극히 소수에 불과하다. 그러나 시간이 흐름에 따라 나무랄 데 없는 미덕이나 노련한 악덕은 결국 밝혀지게 되어 있다.

라 브뤼에르, 〈인물론〉

말을 할 때 뜸을 들이지 말라.

중국 격언

남에게 공명정대하게 행동하는 데 조금이라도 주저하지 말아야 할 것이다. 이를 행할 때 뜸을 들이는 행위는 이미 부정한 것이다. 따라서 자신의 의무를 마땅히 수행할 줄 아는 이가 행복한 삶을 살고 자신의 행동에는 신경을 쓰지 않고 자신이 잘 되기만을 바라는 이는 불행한 삶을 살아가는 것은 당연한 이치가 아닌가 싶다.

라 브뤼에르, 〈인물론〉

돈이 있어야 집안을 아름답고 윤택하게 꾸밀 수 있듯, 마음이 순수하고 진실되어야 자신을 아름답고 윤택하고 가꿀 수 있는 법이다.

공자

가족

아이들은 부모를 통해 사랑을 배우게 된다. 그리고 나이가 들어 생각이 커져감에 따라 부모를 비평하기 시작하게 된다. 그러나 때로는 그들을 용서할 줄도 안다.

오스카 와일드, 〈잠언집〉

농부인 나의 아이들에게는 내 말이 전혀 먹히지 않았다. 아무리 애를 써봐도 그들을 납득시킬 만한 적절한 말이 생각나지 않았기에 내 생각을 대변해 줄 수 있는 한 예를 실제로 들어보기로 마음먹었다. 우선, 아이들에게 젓가락을 한 묶음 가져오라고 일렀다. 젓가락을 가져오자, 난 아이들에게 젓가락 다발을 묶어 놓은 줄을 팽팽하게 해 보라고 하였다. 그 다음, 이를 한꺼번에 부러뜨려 보라고 하였다. 아이들은 젓가락을 부러뜨려 보려고 안간힘을 다 써보았지만 젓가락은 부러지지 않았다. 그러자, 이번엔 그 젓가락을 묶어놓은 끈을 푼 다음 젓가락을 한 개씩 부러뜨려 보라고 하였다. 아이들은 쉽게 그럴 수 있었다.
"너희들도 마찬가지란다. 아이들아."
나는 계속해서 이야기했다.
"너희들이 인생을 살아감에 있어 서로 다투지 않고 조화를 이뤄가며 의좋게 살아간다면 너희들에게 적이라는 존재가 나타나도 어렵지 않게 이를 헤쳐나갈 수 있을 것이다. 그러나 너희들이 이러한 삶을 살지 않고 서로를 헐뜯으며 사이 좋게 지내지 못한다면 너희들 앞에 나타난 적을 물리치지 못하고 힘든 인생을 살아가야만 할 것이다."
이 우화는 '뭉치면 살고 흩어지면 죽는다'라는 말에 대한 교훈을 보여주고 있다.

이솝 우화

♥

우리는 부모님 세대의 마음을 존중해 드릴 필요가 있다. 그것이 당신에게 기쁨을 주거나 걱정거리를 안겨 주더라도.

공자

♥

가족에게 받은 한 장의 편지가 금 한 조각보다 훨씬 값진 법이다.

중국 격언

♥

인간에게는 친구를 선택할 권리는 있지만 가족을 선택할 권리는 없다.

르노

♥

당신은 당신의 아이들이라는 화살을 쏘기 위해 있어야 할 활과 같은 존재이다. 화살이 잘 날아갈 수 있도록 활이 잘 지탱해 주어야만 화살이 멀리, 정확히 날아갈 수 있는 법이다.

칼릴 지브란, 〈예언자〉

♥

아이들의 마음엔 과거나 미래가 존재하지 않는다. 그들에게는 현재만이 존재할 뿐이다.

라 브뤼에르, 〈인물론〉

♥

잠시 왔다가 이유도 없이 곧 가버릴 너의 인생을 누가 알아주겠는가?

리-췌

3부
시련 속에서 평온함을 느끼는 방법

고난을 극복하기

상황이 안 좋아서 자신이 할 일을 못했다고 하는 것보다는 상황이 나빠질까 봐 자신이 할 일을 안 했다고 하는 표현이 맞는 말일 것이다.
세네카, 〈현인의 의연함〉

♥

하루를 여행할 예정이라면 이틀 치의 식량을 준비하고 여름에 여행을 떠날 생각이라면 겨울옷을 준비하여 떠나야 할 것이다.
중국 격언

♥

우리의 눈에 보이는 산길은 우리가 상상하는 것만큼 가파르지 않을 때가 많다. 멀리 떨어진 곳에서 산을 지켜볼 때는 통행이 불가능하다 싶게 들쑥날쑥 바윗더미가 쌓여 있는 형상을 하고 있을 경우가 많다. 멀리서 바라보는 산길은 대부분 굴곡이 매우 심해 보이기 쉽다. 이는 거리가 불러일으키는 착시 현상에 의한 것이다. 그러나 우리가 그 산에 조금씩 가까이 다가감에 따라 거리를 두고 바라보았을 때는 기어올라가기에도 불가능할 것처럼 가파르게 보이던 돌출부들이 띄엄띄엄 떨어져 있어 완만한 언덕의 형상을 이루고 있는 사실을 목격할 수 있을 것이다.
세네카, 〈현인의 의연함〉

젊고 건강할 때 열심히 노력하지 않으면 나이 먹어 고생하게 되어 있다.
중국 격언

자신의 진가를 알아보기 위해선 시련을 겪어볼 필요가 있다. 우리 자신의 능력을 측정할 수 있는 수단이 될 수 있기에.

　　　　　　　　　　　　　　　　　　　　　세네카, 〈신의 섭리〉

♥

어떠한 일이 너무 벅찬 일로 느껴진다고 해서 그 일이 다른 모든 인간에게도 감당하기 어려운 성격의 것일 거라고 생각해서는 안 될 것이다. 반대로, 어떠한 일이 너무 쉽게 느껴지는 것이라고 해서 그 일이 다른 모든 인간에게도 쉽게 느껴질 것이라고 여겨서는 안 될 것이다.

　　　　　　　　　　　　　　　　　　마르쿠스 아우렐리우스, 〈명상록〉

쓸데없는 말들은 물거품 같은 것이다. 그러나 몸으로 직접 보여주는 것은 금과 같은 것이다.

　　　　　　　　　　　　　　　　　　　　　　　　　　중국 격언

가장 대우해 주어야 할 사람들에게 그만한 대우를 해주지 않는다면 당신은 아무에게도 대우받지 못할 것이다.

　　　　　　　　　　　　　　　　　　　　　　　　　　　　맹자

♥

우리네 인생은 타인의 슬픔을 책임져 주기엔 너무도 짧은 것이다. 우리 인간은 각각이 자신의 인생을 살아가기에도 바쁘다. 그런데도 자신의 과오에 대해서 그만한 대가를 치러야 할 때가 많다는 사실은 참으로 유감스러운 일이 아닐 수 없다. 실제로, 우리는 끊임없는 대가를 치르고 또 치러야 할 때가 많다. 그러나 인간과 관련되어 있는 이러한 거래 속에서 운명은 결코 이를 셈에 넣어 주지 않는다.

　　　　　　　　　　　　　　　　　　　　　오스카 와일드, 〈잠언집〉

우리가 힘든 상황에 있을 때 비로소 자신의 덕망을 가늠해 볼 수 있는 법이다.

세네카, 〈신의 섭리〉

♥

입이 너무 헤픈 자에게는 적이 많은 법이다.

공자

♥

돌풍을 여러 번 이겨낸 나무가 튼튼하고 생명력이 강한 법이다. 사람의 마음도 마찬가지로 여러 번의 충격을 견뎌내야 단단해지고 그 뿌리가 확고해지는 법이다. 곱게 자란 나무는 풍랑에 쉽게 꺾이고 만다.

세네카, 〈신의 섭리〉

♥

사람들의 행동을 유심히 관찰해 보라. 그들의 미래, 불행과 행복을 예측해 볼 수 있을 것이다.

노자

♥

우리가 가야 할 길은 늘 우리 가까이에 있다. 그러나 사람들은 그 길을 항상 멀리서 찾으려 한다.

중국 격언

♥

한 냉혹한 과부에게 품팔이 일을 해주는 하녀들이 있었다. 그녀는 첫닭이 우는 꼭두새벽만 되면 일을 시키려고 하녀들을 깨웠다. 끝도 없는 고된 일에 녹초가 된 하녀들은 새벽만 되면 울어대는 닭의 목을 비틀어버리기로 마음먹었다. 닭의 울음소리에 그들의 주인이 잠에서 깨어나 그들을 혹사시키지 못하게 하기 위해서였다. 그리하여 그들은 이 계획을 실행에 옮겼다. 그러나 안타깝게도 그들의 혹독한 운명에는 아무런 변화가 없었다. 시간을 알려주던 닭을 잃어버린 여주인이 잠에서 더 일찍 일어났기에…….
자신들의 결정 때문에 빚어진 결과이기에 자업자득인 셈이 되어버리고 말았다는 이 이야기는 우리 인간에게 소중한 교훈을 안겨주고 있다.

이솝 우화

♥

때로는 자신에게 없는 것이 더 좋을 때도 있다. 남의 물통에서 얻어먹는 물은 감미로운 음료처럼 맛있는 것이기에.

라 로슈푸코, 〈잠언집〉

♥

자신의 무지함을 인정하는 자는 진정 무지한 자가 아니다. 또한 자신의 방황을 인정하는 자는 진정 방황하고 있는 것이 아니다.

장자

♥

인생을 돌아보라. 그리고 한 그루의 나무가 비바람이 몰아치는 나쁜 기후 속에서도 훌륭하게 자라날 수 있을지 생각해 보라. 밖으로 표출되는 반감과 저항심, 적의, 시샘, 고집과 불신, 냉혹함, 탐욕, 난폭함은 호의적인 상황으로 이끌어 가는 데 아무런 도움이 되지 못하고 오히려 상황을 악화시키기만 할 뿐이다. 그러나 이러한 요소들은 유약한 성질의 것들을 죽음으로 몰고 갈 정도로 독이 강한 성질의 것들에게는 오히려 더 잘 자라날 수 있는 영양제의 역할을 한다. 그리하여 이들에게는 더 이상 독이라는 이름도 어울리지 않게 된다.

니체, 〈유쾌한 지식〉

우리가 고통을 겪고 있을 땐 다른 일을 할 마음의 여유를 가지지 못하게 된다. 그리하여 우리의 행복이나 인격을 위한 어떠한 다른 노력도 하지 못하게 되는 것이다.

세네카, 〈마음의 평온함에 대하여〉

♥

타인의 충고를 소중히 여기는 자만이 성공할 수 있다.

중국 격언

♥

자연이 우리에게 준 가장 큰 선물은 우리가 우리에게 찾아오는 모든 역경을 딛고 일어설 수 있는 존재라는 것이다. 또한 우리에게는 아무리 견디기 힘든 고난 속에서도 이에 빨리 적응하여 익숙해질 수 있는 능력이 있다. 그러나 한 번도 겪어보지 않은 힘든 일이 다가오는데 이를 완강히 부인해 보지도 않고 처음부터 순순히 받아들이기는 힘들 것이다.

세네카, 〈마음의 평온함에 대하여〉

♥

매일 매일 진보하는 자가 있는가 하면 매일 매일 퇴보하는 자가 있다.

공자

♥

두려움을 극복해 내기

기대가 크면 클수록 그에 대한 두려움도 커지게 마련이다.
라 로슈푸코, 〈잠언집〉

♥

우리에게는 앞으로 우리를 불안하게 만들 달갑지 않은 사람들을 만나야 할 때가 반드시 찾아올 것이다. 그리고 이러한 불행을 단순히 있을 수도 있는 일이라며 태연해할 사람은 없을 것이다. 그렇다고 해서 언제 우리에게 닥쳐올지도 모를 불행에 늘 사로잡혀 불안해한다면 우리는 한시도 제대로 맘놓고 지낼 날이 없을 것이다. 따라서, 아직 결정되지도 않은 막연한 불행 때문에 우리의 평온한 인생이 깨어지지 않게 하기 위해선 우리에게 닥쳐올 불행의 시기를 정확히 예견하고 이에 익숙해질 필요가 있을 것이다.
쇼펜하우어, 〈지혜로운 삶에 대한 격언〉

♥

늘 자신이 모르는 부분을 완전히 자기 것으로 소화해 내지 못하는 자는 결코 성장할 수 없다.
중국 격언

♥

우리가 느끼는 불안함이나 두려움, 낙담은 우리의 수명을 단축시킨다. 그렇다고 해서 지나칠 정도로 과도한 웃음이 죽음을 면치 못할 인간에게 어떠한 유용함이 있을지는 의문이다.

라 브뤼에르, 〈명상록〉

♥

아무리 많은 것을 알고 있는 사람일지라도 이를 활용할 줄 모른다면 무지한 이와 다를 게 하나도 없을 것이다.

중국 격언

♥

당신에게 일어나는 모든 일은 아주 옛날부터 당신을 위해 준비되어 있던 것이다. 당신이라는 존재와 당신에게 일어나는 일 사이에는 끊어지지 않고 영원히 이어져오는 연관 관계 같은 것이 있다.

마르쿠스 아우렐리우스, 〈명상록〉

♥

아무리 위대한 영웅이라 할지라도 그에게 두려움이란 감정이 없다면 그에게 인간으로서의 매력을 느낄 수 있겠는가?

알퐁스 도데, 〈허풍선이와 타라스콩〉

♥

하루를 사흘같이 활용할 줄 아는 이는 모든 일에서 남들보다 세배의 효과를 이끌어 낸다.

중국 격언

♥

우리가 두려움을 느낀다는 것은 참으로 미스테리한 일이다. 이보다 더
미스테리한 일은 없을 것이다. 인간들이 어두운 우물 안에 들어갔다가
나와서는 아무 것도 발견한 게 없다고 말하는 것은 당연한 일이 아닌가.
생텍쥐베리, 〈야간비행〉

♥

불행과 슬픔을 이겨내기

칠흑 같은 어둠 속에도 희미한 빛은 존재하는 법이다.

페르시아 시인

♥

불행은 결코 혼자 찾아오지 않는다. 그 뒤엔 늘 행복이 따라온다. 이 둘의 관계는 서로 맞물려 있는 톱니바퀴와 유사한 것이다.

그라시앙, 〈조신〉

♥

책임과 슬픔은 늘 타인과 함께 나눠야 하는 것이다. 혼자서 지탱하기에는 너무도 버거운 것이기에.

그라시앙, 〈조신〉

♥

부당하게 얻은 부와 명예는 둥둥 떠다니는 구름보다 더 덧없는 것이다.

공자

♥

고요히 잠들어 있는 불행을 흔들어 깨워서는 안 될 것이다.

그라시앙, 〈조신〉

♥

사람이 되기는 쉽지만 사람 구실을 하기는 어려운 법이다.
중국 격언

♥

왜 이 상황이 행복한 결말을 낳지 못하고 불행한 결말을 낳게 되었을까? 요컨대, 당신이 불행한 사람이라고 부르는 사람 자신이 상황을 그렇게 이끌어 가는 것은 아닐까? 그러나 불행한 상황은 당신이 모든 일을 의롭고 관대하고 지혜로우며 신중하고 침착하게 또, 성실하고 조심성 있게 처리하는 데 악영향을 끼칠 뿐이다. 그 결과, 더욱 불행한 결과를 낳게 되는 것은 아닌지……. 당신에게 슬픔을 가져다주는 상황에 처할 때면 다음과 같은 생각을 갖도록 하라. 이는 불행이 아니다. 단지 행복해지기 위해 거쳐가야 할 한 과정에 지나지 않는 것이라고…….
마르쿠스 아우렐리우스, 〈명상록〉

♥

불행은 당신이 그를 위해 열어놓은 문으로 절대 들어오지 않는다.
중국 격언

♥

산과 바다는 서로 만나게 되어 있다.
중국 격언

♥

아무런 문제없이 행복하게만 살아온 이는 아주 작은 고난에도 큰 타격을 입게 되어 있다.
세네카, 〈신의 섭리〉

♥

자신의 욕망에 노예가 되어버린 자는 자신을 다스릴 수 있는 능력을 상실한 인간이다.
공자

우리는 불행을 예외적인 일로 착각하는 경향이 있다. 아무리 오랫동안 행복을 느껴온 자라 할지라도 언젠가는 반드시 불행이 찾아오게 되어 있다. 따라서 우리는 불행을 예외적인 것으로 여기지 말고 잠시 떨어져 있는 것쯤으로 여겨야 할 것이다.

세네카, 〈신의 섭리〉

♥

우리의 마음속에는 마르지 않고 흐르는 고뇌의 샘이 흐르고 있다. 때문에, 우리가 커다란 재난을 당했을 때 이에서 쉽게 빠져 나오지 못하고 애절하게 눈물지으며 비통한 기분에 젖어드는 것이다. 그러나 시일이 지나면 불행한 감정은 저절로 조용히 가라앉게 되어 있다.

라 브뤼에르, 〈인물론〉

♥

실패는 성공의 밑거름이 된다.

노자

♥

크나큰 고뇌에 빠져 헤어나오지 못할 때면 예쁜 집이나 말, 강아지, 고급스러운 카페트나 자명종 시계가 우리의 허한 마음을 달래줄 때도 있다.

라 브뤼에르, 〈인물론〉

♥

벽에 매달려 있는 새장 속에 밤마다 아름답게 지저귀는 방울새가 살고 있었다. 그러나 어느 날 밤, 그의 아름다운 노랫소리가 들려오지 않자, 이를 즐겨 듣던 박쥐 한 마리가 다가와 왜 오늘밤에는 노래를 부르지 않느냐고 물었다. 그러자 방울새는 단순히 일시적 기분으로 그러는 게 아니라며 다음과 같은 대답을 했다. "난 노랫소리 때문에 여기에 이렇게 갇혀 있게 되었어요. 그래서 그 이후로는 노래를 잘 부르지 않게 되었답니다." 그러자 그의 말을 듣고 있던 박쥐가 다음과 같이 반박했다.

"그렇다면 잡히기 전에 신중했어야죠! 이제 와서 후회해봐야 무슨 소용이 있죠?"
이 우화는 이미 불행이 닥쳐온 후에 후회하는 일은 아무런 도움도 되지 않는다는 교훈을 우리에게 주고 있다.

이솝 우화

♥

어부들이 쳐놓은 그물을 걷어들이고 있었다. 그물에 뭔가 묵직한 것이 걸려 든 것 같은 느낌이 들자 기대감에 부푼 이들은 마음이 무척 설레었다. 그러나 모래 위로 끌어올려진 그물 속에는 막상 고기 한 마리 들어 있지 않았다. 수많은 조약돌과 가지각색의 쓰레기들만이 가득할 뿐이었다. 예측한 것과 전혀 다른 결과가 나타나자, 매우 못마땅히 여기며 불만을 토로하기 시작했다. 그러자 그들 중 가장 노장인 한 사람이 다음과 같이 말했다. "그만하지 친구들! 떡 줄 사람은 생각하지도 않는데 미리 김칫국 먼저 먹은 우리가 잘못한 거지. 원래 너무 기대하는 일은 이루어지지 않는 법 아닌가?"
여기에서 우리는 인생이라는 것이 얼마나 덧없는 것인가 하는 것을 관찰해 볼 수 있을 것이다. 청명하고 맑디 맑던 하늘이 순식간에 먹구름으로 뒤덮혀 버릴 수 있듯이 우리가 추측했던 좋은 결과도 한 순간에 완전히 뒤집혀버릴 수 있다는 것을 결코 잊어서는 안 될 것이다.

이솝 우화

뼈저린 고통을 이겨내야만 남보다 성공할 수 있다.

중국 격언

불행을 경험해 보지 못한 이보다 더 딱한 이가 또 있겠는가!

데메트리어스

시련이 이미 들이닥쳤는데 그제서야 이에 대한 준비를 한다고 해서 무엇이 달라지겠는가?

세네카, 〈마음의 평온함에 대하여〉

♥

실패는 성공의 어머니이다.

중국 격언

♥

대다수의 인간들은 거의가 비슷한 운명을 지니고 태어난다. 그러나 이들이 두려워하는 불행한 일들을 얼마나 잘 이겨내느냐에 따라 위대한 인간으로 특징 지워지는지의 여부가 판가름나는 것이다. 그러니 늘 행복감에만 젖어 조금이라도 번민을 해보지 않은 자를 두고 어찌 반쪽짜리 인생을 살았다고 하지 않을 수 있겠는가!

세네카, 〈신의 섭리〉

♥

종잡을 수 없는 우리네 인생살이에서는, 오늘 일어난 불행이 내일은 또 어떠한 형태로 다가올지 아무도 알 수 없다.

아이스큘로스, 사슬에 묶인 프로메테우스

♥

수많은 작은 실수가 커다란 성공을 이끌어낼 수 있는 법이다.

장자

♥

불행은 행복에 이르기 위해 거쳐가야 할 하나의 다리에 불과하다.

일본 격언

♥

남에게 충고해 주기는 쉽지만 그를 직접 도와주기는 어렵다.

중국 격언

죽음을 받아들이기

죽음은 아무 것도 아니다. 동전의 앞면과 뒷면 같은 것이다. 난 나다. 그리고 당신은 당신이다. 우리가 서로를 위해 존재했었다는 사실은 영원히 변하지 않는다. 난 당신이 늘 내게 불러줬던 이름을 계속해서 불러주기를 바란다. 그리고 당신이 늘 그랬듯, 나에 대한 이야기를 변함없이 해주기를 바란다. 당신의 달라진 모습은 싫다. 엄숙하거나 슬픈, 당신의 달라진 모습을 내게 보이지 않았으면 한다. 그리고 우리가 함께 했을 때 지어 보였던 웃음을 영원히 간직하길 바란다. 나를 위해 웃음 짓고 나를 위해 미소 지었던 순간을 기억하라. 그리고 나를 위해 기도하라. 당신이 늘 그랬듯 담담히, 절대 어둠의 그림자를 남기지 말고 내 이름을 불러다오. 인생이란 그런 것이다. 인생의 맥은 끊기지 않는다. 왜 내가 당신의 시야에서 벗어났다고 해서 당신의 마음에서까지 멀어져야 하는가? 난 당신을 기다릴 것이다. 늘 당신과 멀지 않은 곳에 내가 있을 것이다. 우리 다시 만날 때까지 잘 지내길…….

샤를르 페귀

♥

죽은 이와 살아 남은 이의 차이는 겉으로 보이느냐 보이지 않느냐 하는 것뿐이다.

익명의 작가

♥

죽음은 우리에게 아무런 영향도 주지 않는다. 죽음은 우리도 모르는 사이에 우리에게 살며시 젖어드는 것이기에.

에피쿠로스, 〈잠언집〉

♥

만일 어떤 신이 당신에게 다음과 같이 말했다고 치자. "당신은 내일 혹은 어떠한 일이 일어나더라도 모레에는 반드시 죽을 것이다". 이런 말을 듣게 된 당신은 아마도 남은 이틀 동안 최선을 다하여 남은 시간을 보내는 데 전념하게 될 것이다. 그러니 앞으로 죽게 될 날이 먼 훗날이 될 것이라는 생각은 하지 말라. 그리고 내일이 당신의 마지막 날이 될지도 모른다는 생각으로 늘 최선을 다하며 살아가라.

마르쿠스 아우렐리우스, 〈명상록〉

♥

죽음은 어떤 것일까? 우리가 죽음 자체를 놓고 하나하나 분석해 가며 생각해 본다면 그 성격이 신의 섭리에 의한 것이라는 점을 제외하고는 우리가 평소에 갖고 있던 환상적인 것과는 거리가 먼 성격의 것이라는 사실을 금방 알아차릴 수 있을 것이다. 따라서 신의 섭리에 의한 이와 같은 작용을 두려워하는 이는 어린아이와 같은 심리를 가진 사람이라 할 수 있을 것이다. 죽음은 단순히 신의 섭리에 의한 것만이 아니라 거기에 우리가 뭔가 유익한 작용을 더할 수 있는 것이다.

마르쿠스 아우렐리우스, 〈명상록〉

♥

죽음을 푸대접하지 말고 당연히 받아들여야 할 것의 하나를 받아들이는 마음으로 기꺼이 맞아들여라. 실제로 청년기와 노년기, 성장기와 장년기, 이가 나는 시기와 수염과 머리가 하얗게 되는 시기, 아이를 임신하고 분만하는 시기 등의 모든 생리적인 작용은 살아가면서 반드시 겪게 되는 과정들이다. 그러나 신중하지 못한 인간은 극히 자연스러운 현상으로 받아들여야 할 죽음 앞에서 맹렬한 반감을 표시하며 이를 멸시하려든다. 어머니의 뱃속에서 태어날 때와 같은 방식으로 육체와 영혼이 분리되는 날이 당신에게도 분명히 찾아올 것이다. 당신의 마음을 감동시킬 수 있는, 죽음에 대한 만족스럽고도 아주 간단한 교훈을 얻기를 원한다면 인간들과 충돌하지 말고 그들에게 호의를 베풀어야 할 것이다. 그들을 사랑으로 받아들이되 죽음이 당신과 다른 사고 방식을 갖고 있는 사람들로부터 당신을 자유롭게 해줄 것이란 사실을 결코 잊어서는 안 될 것이다. 현실적으로 당신이 인생을 놓아 버리지 않고 살아가는 유일한 끈은 당신과 사고 방식이 같은 사람들과 함께 살아갈 수 있기 때문이다. 이제 당신은 어떠한 권태감이 인간들과의 공통적인 불화를 빚어내는지 잘 알게 되었을 것이다. 그리하여 당신은 이렇게 외치게 될 것이다. "오! 죽음이여, 서둘러 나에게 오라, 내가 자제심을 잃기 전에……."

마르쿠스 아우렐리우스, 〈명상록〉

♥

태양과 죽음의 공통점이 있다면 그것은 우리가 이를 똑바로 뚫어지게 바라볼 수 없다는 것이다.

라 로슈푸코, 〈잠언집〉

♥

우리가 태어나기 전에 있던 곳으로 되돌아가는 것이 뭐가 그리 비통한 일이란 말인가? 그러나 죽음을 제대로 이해하지 못하는 자는 죽음에 대한 고통을 경험하게 된다. 따라서 죽음을 심각한 것으로 여기지 말고 삶에 대한 애착도 버려야 할 것이다. 키케로가 말한 대로 우리는 수단과 방법을 가리지 않고 살려달라고 애원하는 무사들을 혐오하고 목숨을 아끼지 않는 이들에게는 경의를 표해야 할 것이다. 우리도 이들과 다르게 하나도 없다는 사실을 염두에 두어야 할 것이다. 또한 죽음을 두려워하는 자가 죽음을 먼저 맞이하게 되어 있다는 사실도 잊어서는 안 될 것이다.

세네카, 〈마음의 평온함에 대하여〉

♥

세상이 일시적으로 멈춰버린 순간에 어머니가 나를 이 세상에 내놓으셨다.

칼릴 지브란, 〈예언자〉

♥

죽음은 단 한 번 우리에게 다가오는 것으로 이 세상에 태어난 자는 모두 겪어야 하는 일이다. 죽음의 순간이 다가오면 우리는 이제까지 맛본 고통보다 더욱 혹독한 두려움을 맛보게 될 것이다.

라 브뤼에르, 〈인물론〉

♥

우리는 나이 먹어 가기를 바라면서 동시에 나이 먹기를 두려워하는지도 모른다. 다시 말해서 우리는 삶은 사랑하지만 죽음 앞에선 달아나려 하는 경향이 있다.

라 브뤼에르, 〈인물론〉

♥

삶을 마감하는 일이 하나도 두려워할 것 없는 일이라는 사실을 제대로만 이해한다면 우리가 살아가는 매순간에 죽음의 공포에 사로잡혀 살아갈 필요가 하나도 없을 것이다. 매우 어리석은 인간들은 죽음 자체가 그들을 괴롭혀서가 아니라, 죽음에 이르게 될 순간을 늘 머리 속에 떠올리기 때문에 죽음을 슬픈 것으로 여기고 두려워하게 되는 것이다. 죽음이라 하는 것이 다가오는 순간에 우리를 곤경에 빠뜨리기 때문이 아니라 죽음을 기다리는 순간의 무의미한 비탄이 우리를 힘들게 하는 것이다.

에피쿠로스, 〈메네세에 보내는 편지〉

♥

인간에게 문제를 야기하는 것은 어떠한 상황 자체가 아니라 그 상황을 짊어져야 한다는 중압감이다. 죽음은 전혀 두려워할 대상이 못 된다. 소크라테스도 죽음을 두려워할 필요는 하나도 없다고 말한 바 있다. 그러나 언젠가는 반드시 죽게 될 것이라는 생각이 늘 우리를 불안하게 만든다. 따라서 우리가 어떠한 상황으로 인해 번민하고 슬퍼하는 것은 다른 것이 아닌 우리 자신, 즉 우리 자신의 판단에 의한 것이다. 자신의 불행에서 중요한 것을 뒷전으로 하고 부가적인 것만을 부각시키는 일은 매우 무의미한 일이다. 따라서 이를 자신의 탓이라고 생각하는 이는 이미 모든 것을 파악한 완벽한 인간이라 할 수 있을 것이다.

에픽테토스, 〈에픽테토스 개론〉

♥

시체를 보고 흥분하는 자는 마음이 유약한 자이다.

에픽테토스, 〈에픽테토스 개론〉

♥

자신에게 다가올 임종의 순간을 대수롭지 않게 생각하고, 자신의 일에 전념할 줄 알며, 세상에 너무 집착하지 않는 자에게 죽음은 하나도 무서운 존재가 아닐 것이다.

마르쿠스 아우렐리우스, 〈명상록〉

♥

이 세상에 태어난 모든 생물은 끊임없는 변화를 거듭하게 된다. 그러나 대부분의 인간은 새로운 것을 받아들이는 데 거부감을 나타낸다. 이 세상에 존재하는 모든 류의 생물은 변화를 거듭하여 이 땅에 존재하게 되었다는 사실을 망각해서는 안 될 것이다.

마르쿠스 아우렐리우스, 〈명상록〉

♥

대부분의 인간에게 공포심을 심어주는 죽음은 신성시되어야 하는 대상이다.

세네카, 〈신의 섭리〉

♥

인간은 인생 속에서 자신이 살아가는 인생의 전 과정에 대해 배워가게 된다. 그리고 그 과정 중에 죽음의 순간이 포함되어 있다는 사실을 처음 알게 되었을 때는 놀라움을 금치 못하게 될 것이다.

세네카, 〈짧은 인생에 대하여〉

♥

죽음을 두려워하는 자는 결코 자신의 인생을 행복하게 살아갈 수 없다. 반대로, 죽음이라는 과정을 자신의 운명으로 순순히 받아들이는 자는 불시에 들이닥치는 어떠한 일에도 침착하게 대응하게 될 것이다. 실제로 자신에게 일어날 만한 일을 사전에 파악하고 있는 자는 다가온 모든 불행에 대한 충격을 다른 이들보다는 덜 받게 되어 있다. 자신에게 들이닥칠 불행에 대한 마음의 준비를 하고 이를 기다리는 자에겐 예외적인 일이란 거의 존재하지 않는 법이다. 그러나 자신은 보호 받는 존재이기에 행복하게만 살아가게 될 것이라 생각하는 자에게 불행은 가혹한 결과를 남길 것이다.

세네카, 〈마음의 평온함에 대하여〉

♥

행복하게 살다가 행복하게 죽는 것도 그만의 재능이다.

크리스틴 드 스웨드, 〈잠언집〉

아무리 기분 좋고 훌륭한 인생을 산 인간이라 해도 그의 인생이 영원한 것이라면 매우 불행해질 것이다.

크리스틴 드 스웨드, 〈잠언집〉

♥

죽음을 두려워하는 인간은 큰 인물이 될 수 없다.

크리스틴 드 스웨드, 〈잠언집〉

♥

늙으면 죽는 것이 자연의 이치이다. 그래서 우리가 나이를 먹어감에 따라 몸이 쇠약해지고 병에 시달리게 되어 끝내는 인생을 지겹게 여기게 되는 것이다. 따라서 우리가 평생 늙지 않는 존재라면 죽음을 매우 애석하게 여기게 될 것이다.

크리스틴 드 스웨드, 〈잠언집〉

♥

우리가 어떻게 태어났느냐는 그다지 중요하지 않다. 하지만 우리가 어떻게 죽느냐 하는 것은 매우 중요한 일이다.

크리스틴 드 스웨드, 〈잠언집〉

♥

유가족들의 마음속에서 죽은 이들은 영원히 사라지지 않는 법이다.

알랭, 〈행복에 대하여〉

♥

죽은 이들이 이제 존재하지 않는다는 사실보다 우리가 그들과 더 이상 대화를 나눌 수 없게 되었다는 사실이 우리를 더 슬프게 만든다.

수잔나 타마로, 〈네 마음이 가는 대로 행하라〉

♥

매우 소중한 이를 잃었다고 해서 너무 슬퍼하지는 말자. 그러나 그에 대한 기억은 소중히 간직해야 할 것이다.

생 토귀스텡, 〈어머니의 죽음에 대하여〉

♥

죽은 이들은 살아 남은 자들을 가장 먼저 잊어버린다. 그리하여 이들은 살아 남은 자들로 인해 더 이상 슬퍼하지 않아도 된다는 이점이 있다.

크리스틴 드 스웨드, 〈잠언집〉

♥

삶과 죽음을 오가는 중병에 너무 오래 시달리다 죽은 이들과 유가족들에게 그의 죽음은 위안이 될 수도 있다.

라 브뤼에르, 〈인물론〉

♥

얼마나 수많은 사람들이 훌륭한 재능을 가지고 있으면서도 우리에게 말 한마디 제대로 남기지 못한 채 죽음 속으로 사라져갔던가! 또 살아남은 자들에게 그들의 존재가 얼마나 덧없는 것이 되어버렸던가!

라 브뤼에르, 〈인물론〉

♥

덜 익은 포도, 잘 익은 포도, 건포도……. 모든 것은 변해가게 되어 있다. 영원한 것은 없다. 그리고 다시 한 번이란 기회도 결코 찾아오지 않는다.

마르쿠스 아우렐리우스, 〈명상록〉

♥

갈등에서 빠져 나오기

우리는 우리가 겪게 되는 고통의 원인을 찾아낼 만큼의 열정과 힘을 갖고 있다.

알랭, 〈행복에 대하여〉

♥

인생은 감미로운 순간들로 이루어진 불완전한 15분의 시간과 같은 것이다.

오스카 와일드, 〈잠언집〉

♥

당신의 적에게 늘 화해의 문을 열어놓아라.

그라시앙, 〈조신〉

♥

천리 길도 한 걸음부터!

노자

♥

잊어버리는 것보다 더한 복수는 없다.

그라시앙, 〈조신〉

♥

이성적인 인간은 결코 타인과 다투는 법이 없다. 그리고 그럴 소지가 있다 하더라도 이를 저지해 버린다.

에픽테토스, 담화

멧돼지 한 마리가 나무 아래에서 어금니를 갈고 있었다. 그러자 이를 보고 있던 한 여우가 멧돼지에게 위협하는 사냥꾼도 없는데 왜 어금니를 그토록 열심히 갈고 있느냐고 물었다. 그러자 멧돼지가 대답했다. "내가 지금 하고 있는 일은 절대 쓸데없는 일이 아니야. 내가 위험에 처했을 땐 이미 내 어금니를 갈 시간이 없게 될 테니까. 그러니 미리 대비책을 세워 두는 편이 훨씬 유익한 일이 될 거야"
이 우화는 위험이 닥쳐오기 전에 사전에 대비책을 세워 두어야 한다는 교훈을 우리에게 단적으로 보여주는 예이다.

이솝 우화

타인의 과오로 인해 기분이 상하는 일이 있었다면 충분히 자성해 볼 필요가 있다. 당신이 자신의 이익, 예를 들어 돈이나 행복, 허영심, 그 밖에 이와 유사한 일들로 인해 타인에게 똑같은 과오를 범한 적은 없는지 말이다. 이런 것에 정신을 집중하다 보면, 좀 전까지만 해도 느꼈던 유감스러운 감정을 이내 잊어버릴 수 있게 될 것이다. 그리고 이런 생각이 들게 될 것이다. "좀 언짢긴 하지만, 어쩔 수 없지." 그러니 할 수만 있다면 당신이 가지고 있던 거북한 생각을 말끔히 지워버리기 바란다.

마르쿠스 아우렐리우스, 〈명상록〉

싸움 앞에서 침묵할 수 있는 자는 격찬을 받을 만한 자이다.

헤브라이 격언

♥

적을 증오하며 복수를 결심하는 자는 매우 졸렬한 자이다. 그러나 이러한 마음을 가라앉히고 복수를 전혀 생각하지 않는 자는 너무 안일한 자이다.

라 브뤼에르, 〈인물론〉

악의, 속임, 배신을 방지하기

등뒤에서 사람들이 전적으로 사실만을 말할 것이라고 믿는 이만큼 어리석은 이도 없을 것이다.

오스카 와일드, 〈잠언집〉

♥

인간들만큼 비겁한 존재가 또 있을까! 인간은 세상에 존재하는 모든 법칙을 우롱하면서 자신들에 대해 조금이라도 안 좋은 소리를 하면 매우 싫어한다.

오스카 와일드, 〈잠언집〉

♥

죄를 범한 자는 자기 자신에게도 죄를 지은 것이나 다름없다. 정의롭지 못한 일을 행하는 것은 자기 자신을 악한 방향으로 인도하는 지름길이기에.

마르쿠스 아우렐리우스, 〈명상록〉

♥

우리가 부정한 일을 저지르는 것은 단순히 우리의 행동에 의한 것이 아니라 사악한 감정에 의한 경우일 때가 많다.

마르쿠스 아우렐리우스, 〈명상록〉

♥

배은망덕한 일을 행하는 자의 종류는 가지각색이다. 사기를 치는 방법도 가지가지이고 살인을 하는 방법도 가지가지이다. 이처럼 죄를 범하는 양상은 무한하지만 죄를 범했다는 사실 자체는 하나로 축약된다. 은혜를 입고도 이를 부인하는 사람, 모르는 체하는 사람, 감사를 표할 줄 모르는 사람……. 그러나 이들보다도 더 배은망덕한 자는 은혜를 입은 사실 자체를 망각하는 자이다. 이들은 은혜를 갚는 것조차 망각해버리기 때문이다. 그러나 은혜를 입은 흔적은 남아 있게 마련이다. 이는 마음 깊숙한 곳에 자리잡고 있다가 가끔 자신이 은혜를 입었다는 생각이 문득 떠오를 때면 그는 수치심에 갑작스럽게 선행을 베풀고 싶은 충동을 느끼게 된다. 사악한 감정이 불쑥 솟구쳐 오르듯이 말이다. 이는 은혜를 입은 사람들이 갖게 되는 공통적인 감정이다. 그러나 은혜를 입은 마음이 약해져 끝내는 은혜를 입은 기억마저 잊어버린 당신을 누가 탓할 수 있겠는가? 또한, 맹인이나 눈이 아픈 환자가 빛을 싫어하게 되었다고 해서 자신의 부모를 원망하고 부모로 인정하지 않으려 한다면 이 얼마나 불경한 행동이겠는가!

세네카, 〈베풀 줄 알기〉

♥

나쁜 평판을 얻기는 매우 쉽다. 그러나 우리가 짊어져야 할 짐은 매우 무겁다. 그리고 이 짐을 내려놓기는 더욱 힘든 법이다. 또한 수많은 사람들이 퍼뜨려놓은 평판을 완전히 없어지게 할 수는 없는 일이다. 사람들이 이를 신격화시켜 봉하는 것이기에.

헤시오도스, 〈일과 인생〉

♥

우리가 범하는 수많은 과오들은 우리의 내부에 존재하는 양심에 그리 큰 가책을 불러일으키지 못한다.

라 로슈푸코, 〈잠언집〉

아무리 심술궂은 사람일지라도 그가 우리에게 별 관심이 없다면 우리에게 해를 끼칠 우려는 거의 없어질 것이다.
라 로슈푸코, 〈잠언집〉

♥

우리를 잘 알지 못하면서 우리를 나쁘게 생각하는 이들은 우리에게 피해를 입히지 못한다. 이들이 공격하는 대상은 우리가 아닌, 그들의 상상 속에 존재하는 환영일 뿐일 테니까.
라 브뤼에르, 〈인물론〉

♥

우리가 덕행을 많이 베푼다고 해서 우리를 벌할 이는 아무도 없을 것이다.
니체, 〈선악의 피안〉

♥

남을 나쁘게 말하는 자는 늘 남의 더 나쁜 점만을 말한다.
그라시앙, 〈조신〉

♥

부패한 세상 속에서 양심적인 사람으로 살아가기 위해선 적어도 사악한 사람이 갖고 있는 만큼의 능력과 용기를 지닐 필요가 있다.
몽테스키외, 〈진실함에 대한 찬사〉

♥

우리에게는 우둔한 면이 있듯, 솔직한 면도 있다. 그러나 사람들은 솔직함을 악덕으로 여기는 경향이 있다. 사람들은 자신의 마음이 좋은 면만 갖고 있기를 바라지 않는다. 그들은 타인이 가지고 있는 만큼만의 좋은 면을 자신이 갖게 되기를 바란다. 그리고 판박이처럼 자신과 닮은 모습만을 타인에게 강요하려든다.
몽테스키외, 〈진실함에 대한 찬사〉

사람들이 우리에 대해 험담하는 것을 아는 체하는 것은 그들을 너무 존중하는 행위이다.
크리스틴 드 스웨드, 〈잠언집〉

♥

적의 좋은 면을 보려고 노력하기.
모든 일을 처리할 때 남에게 상처를 입힐 수 있는 칼날로 대처하지 말고 자신을 방어할 수 있는 칼의 손잡이로 대처하도록 하라. 슬기로운 이는 적으로부터 친구에게서나 느껴볼 수 있는 좋은 면을 조금이라도 더 끄집어내 보려고 노력한다. 그러나 이를 샘내는 인간들은 수없이 많은 고난을 이겨낸 현인들에게 하나도 득이 되지 않는 가시 같은 존재에 지나지 않는다. 이들은 현인들의 말을 왜곡하기에 바쁘다. 그러나 현인은 자신을 부러워하는 이들이 자신에게 반감을 나타내는 것을 자신의 성찰로 삼을 수 있는 거울로 생각한다. 우리는 주위에 경쟁자나 적이 나타났을 경우 경계를 하게 된다. 그 결과 타인을 비방하게 되는 과오를 저지르게 되는 것이다. 그러나 자신을 비춰주는 이러한 거울은 우리가 과오를 저지르지 않도록 우리를 올바른 길로 이끌어주는 역할을 해줄 것이다.
그라시앙, 〈조신〉

♥

생명을 단축시키는 두 가지 요인은 광기와 사악한 마음이다.
그라시앙, 〈조신〉

세상에는 성실하고 올바른 길을 가는 사람보다 바보 같고 파렴치한 인간들이 더 성공하는 경우가 많다. 어떻게 그럴 수 있을까 하는 질문에 가장 적절한 대답은 세상에 존재하는 파렴치하고 몰지각한 인간들이 불성실하고 어리석기만 한 인간들을 파악하고 이들과 어울리는 것에 별로 힘들어하지 않기 때문이라 할 수 있을 것이다. 반면, 성실하고 지각 있는 인간들은 이러한 이들이 존재하는 세상에 발을 디뎌놓는 것 자체에 매우 어려움을 겪기 때문에 부를 쌓는 데 필요한 시간을 충분히 갖지 못하게 된다. 그 나라의 말을 할 줄 아는 상인은 그 나라에서 바로 물건을 팔고 사들일 수 있지만 그 나라의 말을 할 줄 모르는 상인은 자신의 단골 손님이나 자신에게 물건을 파는 사람에게 말을 배워야 하는 법이다. 상품을 진열해놓은 것을 보고 들어왔던 손님도 그가 말을 제대로 하지 못하는 것을 알고 나면 그를 무시하고 돌아서 나가버리는 것이 세상의 이치이기에.

샹포르, 〈격언과 고찰〉

♥

속됨에 대하여

모든 죄는 속된 것이다. 그리고 모든 속된 것은 죄를 야기한다.
오스카 와일드, 〈잠언집〉

세상에는 자신의 생각에 동의해 주는 이보다는 이에 신랄한 비판을 해 주는 이들이 훨씬 많다. 좀더 자세히 말하면 객관적이고 정확한 비판 하에 자신의 확실한 의견을 말하는 이가 그리 많지 않다는 것이다.
라 브뤼에르, 〈인물론〉

남을 우롱하기를 좋아하는 자는 마음이 빈곤한 법이다.
라 브뤼에르, 〈인물론〉

밖에서 하는 식사와 속된 인간들은 되도록 피하라. 그리고 부득이한 경우, 그래야 될 때에는, 비속한 방식에 결코 무너지지 않도록 마음을 단단히 먹어야 할 것이다. 그리고 이것만은 명심해야 한다. 당신이 타인의 체면을 상하게 했다면 당신 역시 체면을 상하지 않고는 그와 다시는 친해질 수 없을 것이란 사실을.
에픽테토스, 〈에픽테토스 개론〉

배신에 대하여

당신 품속에 있는 뱀을 건드리면 당신을 물게 되어 있다.

이솝 우화

♥

호랑이 가죽 무늬를 갖고 있는 양이 늑대를 더욱 무서워하는 법이다.

중국 격언

♥

약속을 너무 많이 하는 자는 그 약속을 하나도 지키지 못하게 되어 실없는 사람이 되어버리기 쉽다.

그라시앙, 〈조신〉

♥

우정을 맺게 된 독수리와 여우가 좀더 긴밀한 관계를 유지하기 위해 이웃이 되기로 결심했다. 그리하여 독수리는 커다란 나무 꼭대기까지 날아올라가 그곳에 둥지를 틀었다. 그리고 여우는 그 나무 밑 수풀에 자기 우리를 만들었다. 그러던 어느 날 여우가 먹이를 찾아 나서자, 배가 고팠던 독수리가 여우 우리로 들어가 새끼 여우들을 훔쳐서 자기 새끼들과 함께 맛있게 먹어버렸다. 우리로 돌아온 여우는 무슨 일이 생긴 것인지 금방 눈치 챌 수 있었다. 여우는 매우 슬펐지만 흔적도 없이 사라져버린 새끼들에 대한 복수를 할 수가 없었다. 땅에서 생활하는 여우가 날아다니는 새를 추격할 수는 없는 노릇이었기에. 홀로 남겨진 여우는 자기의 원수를 증오하면서도 아무런 조치도 취할 수가 없었다. 그러나 신뢰를 저버린 죄를 범한 독수리는 곧 벌을 받게 되었다. 사냥터에서 염소 한 마리를 잡아 그 내장을 물고 둥지로 돌아온 독수리가 둥지 위에 깔려있는 잔가지에 간신히 그것을 내려놓자 거센 바람이 불어닥쳤다. 그 순간 갑자기 마른 지푸라기에서 불빛이 발하더니 이내 그의 새끼들이 불길에 휩싸여버렸다. 아직 너무도 어려 나는 방법을 몰랐던 새끼들은 땅으로 떨어지고 말았다. 그러자, 이를 보고 있던 여우가 달려들어 독수리가 보는 아래에서 새끼들을 마지막 한 놈까지 모두 먹어치워 버렸다. 이 우화가 우리에게 주고자 하는 교훈은 우정을 배신하는 자는 그의 희생양이 되어버린 약한 이의 복수를 피해갈 수 있을지 모르나 하늘이 내린 벌은 면할 수 없다는 것이다.

이솝 우화

둘이 협동하기로 약속한 당나귀와 여우가 사냥을 하러 나섰다. 그런데 사자 한 마리가 앞을 막아섰다. 생명에 위협을 느낀 여우는 사자에게 다가가 자신을 살려주기만 한다면 당나귀를 뇌물로 바치겠다는 제의를 해왔다. 사자는 그 제의를 받아들여 여우를 놓아주었다. 자유의 몸이 된 여우는 당나귀를 함정이 있는 곳으로 유인해 그곳에 빠지게 하였다. 당나귀가 도망칠 수 없는 몸이 된 것을 본 사자는 이내 여우에게 다가가 그를 덮쳐버렸다.
결국, 자신의 편을 희생시킬 음모를 꾸민 이가 똑같은 결과를 맛보게 된 것이다.

이솝 우화

남에게 속지 않는 유일한 비결은 머리를 너무 굴리지 말고 열심히 일하는 것이다. 그것으로 족한 법이다.

크리스틴 드 스웨드, 〈잠언집〉

신이 버린 인간은 다른 모든 이에게도 버림을 받게 되어 있다.
크리스틴 드 스웨드, 〈잠언집〉

♥

속이 음흉한 자들은 자신이 얼간이가 될 것이란 사실을 전혀 예측하지 못한다.
크리스틴 드 스웨드, 〈잠언집〉

♥

남을 시기하지 않기

타인을 시기해서는 안 될 것이다. 행복을 만끽해야 할 인간들이 시기를 받을 이유가 전혀 없기 때문이다. 사악한 인간들이 아무리 좋은 운을 타고난들 무슨 소용이 있겠는가. 그 좋은 운을 자기가 걷어차 버리는 것을.

에피쿠로스, 〈바티칸 궁의 격언〉

♥

쓸데없이 타인들에게 좌지우지되어 남을 유혹하거나 혐오하는 일에서 벗어날 필요를 느끼지 못하는 자는 불행한 삶을 살아가게 되어 있다.

에픽테토스, 〈에픽테토스 개론〉

♥

남을 증오하고 시기하는 것은 불행의 지름길이다.

라 브뤼에르, 〈인물론〉

♥

인간들은 자신이 누리지 못하는 것을 시기하는 경향이 있다.

크리스틴 드 스웨드, 〈잠언집〉

♥

시기심 속에서는 남을 사랑하는 감정보다 자신을 사랑하는 감정이 앞선다.

라 로슈푸코, 〈잠언집〉

우리가 누리는 행복을 누군가에게 뺏기지 않고 지키고자 할 경우에는 시기심도 정당하고 합리적인 것이 될 수 있다. 그 외의 시기심은 남들의 행복을 못 견뎌하는 이들의 광기와 같은 것이다.

라 로슈푸코, 〈잠언집〉

♥

시기심은 악 중에서도 가장 나쁜 악이다. 그리고 남을 동정할 줄 모르는 매정한 인간들이나 시기를 하는 것이다.

라 로슈푸코, 〈잠언집〉

♥

시기심은 늘 사랑과 함께 생겨나지만 사랑과 함께 사라지지는 않는다.

라 로슈푸코, 〈잠언집〉

♥

소수의 인간들은 순수하고 절도를 지킬 줄 알았던 자신의 젊은 시절을 잊지 않고 기억한다. 이들의 기억 속에 가장 먼저 떠오르는 것은 자신의 행복을 예의상, 지겨워서, 혹은 어떠한 체제 때문에 포기하게 되었다는 생각이다. 결국, 타인의 강요에 의해 자신의 행복을 포기하게 되었다는 식의 생각에 빠져들게 된다. 이는 자신이 떠나온 것에 대한 일종의 집착과도 같은 증상이다. 인간은 자신과 더 이상 관계하지 않게 된 것이 타인에게도 똑같이 관계하지 않게 되기를 바란다. 이러한 감정을 두고 우리는 시기심이라 부른다.

라 브뤼에르, 〈인물론〉

♥

빈곤했던 이가 우리보다 잘 살게 될 경우에 겪게 되는 약간의 불쾌함이 우리를 구속하는 결과를 낳게 된다. 친구의 위치가 올라가는 것을 보고 함께 기뻐해 주어야 할 우리는 우리와 동등한 위치에 있던 이가 우리보다 나은 위치로 상승하는 것을 지켜보며 겪게 되는 약간의 쓰라린 마음 때문에 그를 축하해주는 것을 망설이게 된다. 그 결과, 약간의 고통도 받기 싫어하는 인간들은 자기 자신과 조화를 이루지 못하게 된다. 친구가 행복해지기를 바라면서, 막상 그가 행복해지면 그의 기쁨을 함께 해주기를 꺼려하는 우리는 얼마나 이기적인 존재인가!

라 브뤼에르, 〈인물론〉

♥

시기심은 의혹에서 싹트고 그 의혹은 커져서 분노의 형태로 나타난다.

라 로슈푸코, 〈잠언집〉

♥

우리는 젊은 시절에 흔히 가난을 경험한다. 물론, 가난을 경험해 보지 못했거나 늘 가난의 전철만을 밟고 있는 이도 있을 것이다. 그러나 대부분의 이들은 나이가 들어감에 따라 경제적인 안정을 찾아간다. 물론, 드물게 횡재를 하여 성공한 이도 더러 있다. 이런 이들은 살아가는 데 부족함을 느끼지 못한다. 그러나 이들을 부러워할 이유는 하나도 없다. 이들은 자신들이 가진 부만큼의 질투를 받게 되어 죽을 때까지 괴로운 인생을 살다가야 할 테니까.

라 브뤼에르, 〈인물론〉

♥

불우한 운명을 타고났다고 말하는 인간의 주위에는 반드시 행복한 친구들이 있다.

라 브뤼에르, 〈인물론〉

♥

우리 모두는 운명의 고리로 묶여 있다. 어떤 이들은 부드러운 금으로 만들어진 고리로, 또 어떤 이들은 거칠고 갑갑한 쇠로 만들어진 고리의 운명으로 묶여 있다. 그러나 이것이 무슨 차이가 있단 말인가? 우리를 묶어놓은 한 쪽의 사슬이 덜 무겁다고 느끼지 않는 한, 우리가 서로 다른 고리로 묶여 이 감옥 같은 곳에서 살고 있다는 사실은 매한가지인 것을……. 어떤 이들은 부귀와 명예의 고리에 묶여, 저명한 가문의 태생이란 짐을, 또 어떤 이들은 이름 없는 가문의 태생이란 짐을 평생 안고 살아가게 된다. 이들은 타인들의 절대적인 지배력에 의해 평생 고개를 숙이고 살아가게 된다. 또한, 부귀와 명예의 고리로 묶인 이들은 호화로운 저택에서 살아가게 될 것이다. 그러나 이들의 인생은 모두 구속받는 노예와 같은 인생이라는 점에서 같다.

세네카, 〈마음의 평온함에 대하여〉

젊은 날의 추억은 나이 든 이들에게 감동을 불러일으킨다. 자신의 과거를 사랑하기에 과거에 알게 된 사람들 또한 노인들에게는 매우 소중한 존재가 된다. 그리하여 이들이 처음으로 한 말들을 흘러간 노래말처럼 계속 입에 올리게 되고 이들과 함께 할 때 유행했던 옷이나 가구, 장신구를 그리워하게 된다. 자신의 추억 속에서 아직도 살아 숨쉬고 있는 행복했던 순간들을 말이다. 그러니 이들에게 새로운 물건들이나 현대에 유행하는 모든 것들이 무슨 관심을 끌 수 있겠는가? 자신들에게 소중했던 이들도 없고 노후에 대하여 조금도 관심이 없는 젊은이들이 즐기는 것에 말이다.

라 브뤼에르, 〈인물론〉

타인의 죄를 용서하기

타인을 용서할 줄 안다는 것은 하나의 기술이라기보다는 행복에 이르는 지름길이라 할 수 있는 것이다. 차라리 잊어버리는 편이 훨씬 나은 일들을 잊지 못하고 힘들어하는 경우가 많다. 그러나 남에게 모욕을 당했던 기억은 시도 때도 없이 머리 속에 떠오르게 된다. 특히 힘든 일을 겪을 땐 이러한 기억들이 더 잘 찾아오게 된다. 그러나 기분이 좋을 땐 이러한 기억들을 금세 잊어버리게 된다. 때로는 고통을 치료하는 데 잊어버리는 것보다 더 좋은 약도 없을 것이다. 잊어버리는 것이 고통을 사그러들게 하는 지름길이기에……. 따라서 좋은 기억만을 간직하고 나쁜 기억들은 잊어버리는 습관을 몸에 익혀야 할 것이다. 이를 얼마나 잘 행하느냐에 따라 우리는 천국과 지옥을 오가는 기분을 맛보게 될 것이다.

그라시앙, 〈조신〉

산에 바다가 존재하지 않듯, 고귀한 마음속에는 복수심이 존재하지 않는 법이다.

중국 격언

♥

확실히 알고 벌하고 용서할 줄 알아야 할 것이다.

크리스틴 드 스웨드, 〈잠언집〉

누군가가 당신에게 실수를 범했을 땐 그가 범한 과오에 대해 어떻게 대처해야 가장 좋은 결과를 낳을 수 있을지 심사숙고해볼 필요가 있다. 경건한 마음으로 그를 돌아볼 수 있게 되면 그의 죄에 대한 어떠한 동요나 분노도 느끼지 않게 될 것이다. 당신 역시 같은 실수를 범한 적이 있었다는 생각이 그를 용서할 수 있도록 도와줄 테니까 말이다. 그리고 앞으로도 죄를 범한 다른 인간들에게 더 관대해질 수 있을 것이다.

마르쿠스 아우렐리우스, 〈명상록〉

♥

죄를 범한 이의 사정을 잘 알고 있는 우리가 그의 죄를 심판하기 전에 가장 먼저 생각해야 할 것은 어떻게 해야 좋은 결과를 낳을 수 있을까 하는 것이다. 그럼에도 불구하고 지나치게 화나고 서글픈 일이 생겼을 경우에는 우리에게 주어진 삶이 그리 길지 않다는 사실을 다시 한 번 상기해볼 필요가 있다.

마르쿠스 아우렐리우스, 〈명상록〉

♥

자신이 당한 치욕에 대한 복수를 한다는 것은 자신에게 상처를 입힌 인간과 당신이 똑같은 수준의 인간임을 인정하는 것이나 다름없다.

영국 격언

♥

타인이 나에게 실수를 범했다고 치자. 이는 타인의 일이다. 그는 자신의 재량으로 그러한 죄를 저지른 것이다. 그 일을 당한 내 편에서 보면, 나는 단지 그 순간에 그와 한 자리에 있었을 뿐인 것이다. 그리고 지금 이 순간의 나는 내 본능이 요구하는 일만 하면 되는 것이다.

마르쿠스 아우렐리우스, 〈명상록〉

♥

복수를 하려는 생각으로 타인에게 나쁜 행동을 하면 자신도 벌을 받게 되어 있다.

크리스틴 드 스웨드, 〈잠언집〉

♥

타인에게 비난을 받지 않을 만큼의 정직한 양심을 갖고 있는 자는 타인의 비난을 무시하고 이에 개의치 않는다.

쇼펜하우어, 〈지혜로운 삶에 대한 격언〉

♥

피는 피로 씻지 말고 물로 씻어야 한다.

터키 격언

♥

물이 높은 곳에는 고이지 않듯, 복수심도 관대로운 이의 마음에는 고이지 않는 법이다.

중국 격언

♥

깨지기 쉬운 것들을 지각하기

우리의 기억 속에 존재하는 이나 그와 함께 했던 순간들, 이 모든 것은 덧없는 것들이다.

마르쿠스 아우렐리우스, 〈명상록〉

어제 저녁에, 내 부주의로 나의 잔이 바닥에 떨어져 깨졌습니다. 그 순간 현기증을 느끼고 있던 나는 그 잔이 내게 다음과 같이 말하는 것을 들을 수 있었습니다. "나도 당신과 같은 처지에 있을 때가 있었습니다. 하지만 당신도 언젠가는 나와 같은 처지가 될 날이 올 겁니다."

카얌, 〈4행시〉

어제 나는 시장에서 도기장수 한 명을 보았습니다.
그는 열심히 점토를 빚고 있었습니다. 그 순간 점토가 내게 다음과 같이 말하는 것을 들을 수 있었습니다. "예전에 저에게도 당신과 같이 자유롭던 시절이 있었습니다. 그러나 그 순간이 지금의 저에겐 참으로 덧없습니다."

카얌, 〈4행시〉

"그런 일이 내게 일어날지 몰랐습니다." "그런 일이 생길지 전혀 생각을 못했다구요?" 충분히 이런 상황이 있을 수 있다. 가난에 굶주린 이들과 거지들이 늘 추구하는 부가 무엇이란 말인가? 또, 화려한 샌들에 예복을 차려입은 특권층의 단장에 휘둘리는 이들의 굴욕감이나 모욕, 멸시감이 무엇이고 부하들을 몰락이나 해고로 위협하는 새로 온 악독한 간부의 권력은 또 무엇이란 말인가? 한쪽 끝에서 다른 쪽 끝으로 지나가는 데 걸리는 시간이 너무 길어서 좋을 건 없다. 왕좌에서 내려와 애원하는 데 걸리는 시간은 한 시간이면 충분한 것이기에.

세네카, 〈마음의 평온함에 대하여〉

모든 상황이 언제 완전히 반대로 될지는 아무도 모르는 일이다. 그러니 늘 미래를 직시하라. 당신도 결코 예외는 아니다.

세네카, 〈마음의 평온함에 대하여〉

♥

당신과 당신이 사랑하는 이에게 남겨진 시간은 결코 길지 않다는 사실을 늘 염두에 두어라. 또, 당신들이 죽은 후, 얼마 되지 않아 당신들의 이름은 흔적도 없이 사라져 버릴 것이라는 사실도.

마르쿠스 아우렐리우스, 〈명상록〉

얼마나 더 오랜 시간 동안 우리는 이 권태로운 생활에 질질 끌려 다니는 노예가 되어야만 하는가? 우리가 이 세상에서 하루를 살든, 1년을 살든, 그것이 뭐가 그리 중요하단 말인가? 우리가 한 줌의 가루가 되어 도기 제조공이 만들어 놓은 항아리가 될 날이 오기 전에 우리 모두 한잔의 축배를 들자.

카얌, 〈4행시〉

♥

당신이 제대로 활용하지 못했던 기회를 신이 당신에게 몇 번이나 부여해 주었던가 상기해 보라. 그리고, 훗날 신의 은혜에 보답해야겠다는 마음을 먹게 된 것이 언제부터인지 곰곰이 생각해 보라. 그러면 당신은 자신이 어떤 세상에 어떠한 존재로 소속되어 있는지, 또 어떠한 존재가 이 세상을 지배하고 있는지, 그리고 당신에게 남아 있는 시간이 얼마나 되는지 음미해 볼 필요가 있을 것이다. 흘러가는 시간을 제대로 활용하지 못하고 있다 하더라도 시간은 멈추지 않고 흘러갈 것이다. 그리고 당신 또한 그 시간과 함께 흘러갈 것이다. 그러나 한번 지나간 시간은 결코 돌아오지 않는다는 사실을 명심해야 할 것이다.

마르쿠스 아우렐리우스, 〈명상록〉

♥

"나중에"라는 길을 통해서는 이르고자 하는 곳에 결코 이를 수 없다.

에스파냐 격언

♥

수천 년이라도 살 사람처럼 나태한 삶을 살아서는 결코 안 된다. 당신에게 시간이 제한되어 있다는 것은 불가피한 사실이다. 그러나 살아있는 한, 행복한 인간이 될 가능성은 무한한 것이다.

마르쿠스 아우렐리우스, 〈명상록〉

♥

모든 것은 순식간에 사라져 버린다. 인간의 육체는 이 세상 속으로, 그들의 추억은 세월 속으로!

마르쿠스 아우렐리우스, 〈명상록〉

♥

죽음이 불시에 찾아올 때를 대비하여 늘 정신과 육체를 잘 정돈해 두어야 할 것이다. 인생은 결코 긴 것이 아니라는 점을 명심하라. 그리고 당신의 앞뒤로 존재하는 부서지기 쉬운 부분이 당신을 깊은 수렁으로 빠트릴 수도 있다는 사실 또한 결코 잊어서는 안 될 것이다.

마르쿠스 아우렐리우스, 〈명상록〉

4부
나, 너, 그리고 평온함의 질서에 대하여

받아들임에 대하여

우리가 수많은 철학자들에게 앞에서 배워보았듯이 행복이 우리 안에 있음을 단 한 번만이라도 제대로 인식한다면 인생이 늘 행복하다는 것을 알게 될 것이다. 따라서 그리스 철학자 에픽테토스가 말했듯이 늘 우리가 바라는 대로만 모든 것이 이루어지지 않는다 하더라도 그것을 사실로 받아들일 필요가 있다. 자신을 사랑하고 자기 자신에게 유순하고 평온과 고독을 구하는 이러한 "정신상의 중대한 요소들"은 크리스틴 드 스웨드가 우리에게 상기시켜준 내용들이다. 분노를 가라앉히고 자제할 줄 알며 닥치는 대로 행동하지 않으며 늘 즐거운 마음으로 살아가려고 노력하는 경탄할 만한 능력이 우리가 살아가는 데 없어서는 안 될 매우 중요한 요소이다. 그렇다고 해서 견유주의나 조소적인 상황으로 자신을 몰고 가서는 안 될 것이다. 가장 중요한 것은 결국 우리 자신에게 주어진 매순간들을 언제나 즐거운 마음으로 보내야 한다는 사실이다. "따로따로 떨어져 있는 하루하루는 별개의 삶과 같다." 세네카가 남긴 말이다. 이 말에는 지극한 평온함이 깃들어 있다. 이 책 안에 기록되어 있는 글들이 당신을 좀더 평온하게 해주기를 조심스럽게 기대해본다.

카트린 랑베르, 〈마음에 평온함을 가져다주는 책〉

당신과 관련되어 있는 모든 일을 할 때, 꿋꿋이 그리고 묵묵히 행할 줄 알아야 한다. 내가 불가피하게 관여해야 할 일이라면 어떻게 처신해야 할 것인가? 배와 조종사, 선원들, 계절, 날짜, 바람의 세기, 이상의 모든 것을 잘 택하는 것이 내가 할 일이다. 바다 한복판에 들어서자마자 거센 폭풍우가 엄습해올 때부터는 내가 관여할 일이 아니다. 이제부터는 조종사가 관여해야 할 일인 것이다. 그러나 배의 바닥이 샌다면 어떻게 해야 할 것인가? 내가 할 수 있는 일을 하면 된다. 시끄럽게 고함을 지르며 번민할 필요는 없다. 태어난 존재는 다 죽게 마련이다. 그것이 자연의 법칙이라는 사실을 나는 너무도 잘 알고 있다. 그러니 내가 죽는 것은 당연한 일이다. 나는 영원한 존재가 될 수 없다. 이 세상의 한 부분을 차지하고 있는 한 명의 인간에 지나지 않는다. 그리고 한 시간은 하루의 일부분을 차지하는 시간이다. 한 시간은 우리에게 다가왔다가 금세 사라져버리는 짧은 순간에 지나지 않는다. 나 역시 이 세상에 잠시 머물렀다가 사라지게 될 것이다. 사라지는 방법도 가지가지다. 불이나 물은 전혀 반대의 성격을 가지고 있는 것들이지만 사라질 운명에 처해 있다는 사실은 매한가지이다.

에픽테토스, 〈담화〉

♥

우리가 가지고 있던 사물이나 그와 유사한 것들을 버리면 버릴수록 우리가 짊어져야 할 짐은 줄어들게 되어 있다. 그리고 행복이 우리 앞에 한 걸음 더 다가와 있다는 사실도 느껴볼 수 있을 것이다.

마르쿠스 아우렐리우스, 〈명상록〉

♥

늘 향연에 초대된 것처럼 행동하라. 가만히 있으면 음식이 저절로 당신 입으로 들어올 것이라고 생각하는가? 직접 손을 뻗어 먹을 만큼 덜어 먹어야 할 것이다. 당신이 먹고자 하는 음식이 멀리 떨어진 곳에 있다면? 그렇다면 다른 음식을 먼저 먹도록 하라. 당신의 차례가 올 때까지 시간이 많이 걸린다면? 큰소리로 그것을 먹고 싶다고 말하지 말고 참을성 있게 그 음식이 당신에게 돌아올 때까지 기다려라. 이는 당신의 아이나 아내, 공직에 몸담고 있는 자나 부유한 자 모두에게 마찬가지이다. 당신도 언젠가는 신의 향연에 초대받을 수 있을 만큼 훌륭한 사람이 되어 있을 것이다. 그러나 당신에게 제공되는 음식을 하나도 먹지 않는다면, 그리고 이를 냉담히 여긴다면 당신은 더 이상 신의 향연에 초대받은 자가 아닌 디오게네스나 헤라클레스, 그리고 이들과 필적할 만한 신과 같은 인간이 되어 있을 것이다.

에픽테토스, 〈에픽테토스 개론〉

당신이 올림픽 경기에서 우승할 수 있을까? 그리고 나는? 이는 신들이 주관하는 경기이다. 그만큼 고귀한 우승이기에……. 우승한 이들이 세웠던 계획의 전례와 결과를 검토해 보라. 그리고 그대로 한번 시도해 보라. 당신은 식도락을 삼가고 먹는 것을 조절하는 훈련부터 해야 할 것이다. 그리고 시간에 따라 짜여진 강훈련을 해야 할 것이다. 아무리 춥거나 더워도 내키는 대로 찬물이나 술을 마셔서는 안 될 것이며 코치가 의사처럼 가져다주는 음료만 마셔야 할 것이다. 사막에서 우물을 파야 할 때도 있을 것이고 때로는 팔이나 발목을 삘 수도 있을 것이다. 먼지를 들이마시며 벌을 받아야 할 경우가 있을 수 있다. 이 모든 절차를 밟은 후에야 당신은 진정한 승리자가 될 수 있다.

에픽테토스, 〈에픽테토스 개론〉

행복하다는 생각이 들 땐 대개의 다른 이들처럼 당신의 행복이 깨지지 않도록 주의하라. 그러나 이때에는 시기를 두고 심사숙고해 볼 필요가 있을 것이다. 그리고 행복했던 때와 행복을 누리게 될 시기에 대해 곰곰이 생각해 보라. 스스로 반성하고 자신을 책망하는 시간을 가져라. 그리고 당신이 행복하게 될 순간과 이를 비교해 보아라. 그런 다음, 당신의 행동이 필요한 상황이 되면 당신과 관련된 모든 상황을 늘 유쾌하고 기분 좋은 상황으로 이끌어 나가도록 노력하라. 그리고 당신이 승리를 거두었다는 사실을 자각하는 일이 얼마나 바람직한 것인가 생각하며 당신 자신에게 보답하면 되는 것이다.

에픽테토스, 〈에픽테토스 개론〉

♥

자기 자신을 알아야 타인을 알 수 있다. 그래야 타인의 마음을 읽을 수 있기에.

중국 격언

♥

매일 매일 새로 태어나는 기분으로 인생을 살아라. 그리고 끊임없이 다시 새롭게 태어나려고 노력하라.

타-히오

♥

우리가 긴장하지 않고 방심하고 있는 순간에 불행이 엄습해 온다.

노자

♥

한 농부가 죽음이 임박해오자, 밭을 일구는 일에 대한 비법을 그의 자식들에게 전해주고자 다음과 같은 유언을 남겼다. "사랑하는 아이들아. 내 포도밭 중, 한 장소에는 보물이 숨겨져 있단다." 농부가 죽자, 자식들은 쟁기와 곡괭이를 들고 열심히 농지 전체를 파헤치고 다니기 시작했다. 그러나 포도밭 전체를 다 갈아도 보물은 단 한 개도 나오지 않았다. 그러나 그들은 전례 없이 우수한 많은 양의 포도를 수확할 수 있었다. 그제서야 아이들은 농부가 말한 보물이라는 것이 인간의 노력을 의미한다는 사실을 깨달을 수 있었다.

이솝 우화

♥

암컷 나이팅게일 한 마리가 참나무 위에 앉아서 평소 하던 대로 목청 높여 노래를 부르고 있었다. 하루 종일 먹은 것이 하나도 없어 몹시 배고파 하던 새매 한 마리가 이 소리를 듣고는 날아와서 나이팅게일을 낚아채 가 버렸다.

죽음의 위협을 느낀 그 희생물은 놓아달라고 애원하며 자신이 그의 배를 채우기엔 너무 부족할 거란 소리를 했다. 그러니 간에 기별도 안 가는 먹이를 먹고 괜히 욕구 불만에 빠지지 말고 자신보다 훨씬 더 큰 새를 잡아 배불리 먹으라는 제안을 하였다. 그러자 이 소리를 듣고 있던 새매가 다음과 같이 대답했다.

"눈에 보이지도 않는 먹이감을 찾으려고 내 손 안에 들어온 먹이를 놓아 줄 정도로 내가 바본 줄 알아?"

인간의 경우에도 마찬가지다. 우리 눈앞에 펼쳐져 있는 행복이 달아나 버리도록 놔둔 채 더 큰 행복을 추구한다는 사실이 참으로 어리석은 행동이라는 점에서!

이솝 우화

♥

실같이 가느다란 금이 벌어져 그 사이에 길이 날 수도 있는 법이다.

르 리-키

♥

귀로 듣지 말고 마음으로 들어라.

공자

♥

계획을 세워놓는 일만으로 이끌어낼 수 있는 일은 하나도 없다.

르 위 킹

♥

우리는 행복을 목전에 두고 이를 누리지 못한다. 그리고는 "아! 내가 행복하면 얼마나 좋을까!"라는 말을 자주 하며 슬퍼한다. 그러나 이런 생각은 아픈 상처만을 안겨줄 뿐이다. 따라서 이러한 말 대신에 "내가 행복하지 않았다면 어떻게 되었을까?"라는 생각을 해야 할 것이다. 내가 여기에서 말하고자 하는 것은 우리는 지금 우리가 누리고 있는 행복을 느끼지 못한 채 자신이 불행하다고 생각하며, 행복한 날이 오기만을 학수고대하는 경향이 있다는 것이다. 내가 여기에서 말하는 행복이란 경제적 풍요로움과 건강, 친구, 애인, 배우자, 자식, 말이나 개 등을 이른다. 이들과 이별해보아야 우리는 행복의 가치를 가장 뼈저리게 깨우치게 된다. 이들을 처음에 소유하게 되었을 때는 행복감에 젖게 될 것이다. 그러나 그 다음에는 모든 수단과 방법을 동원해 이들을 잃지 않도록 조심해야 할 것이다. 우리가 소유한 것들을 위험한 상태에 두지 말아야 할 것이며 우리의 친구들을 성나게 해서도 안 될 것이다. 또한, 사랑하는 이가 배신감을 느낄 만한 행위를 해서도 안 될 것이며 자식들의 건강에도 유의해야 할 것이다.

우울한 기분이 들 때는 앞으로 좋아질 미래를 전망하며 명랑한 분위기로 이끌어가려고 노력해야 할 것이며, 냉혹한 현실에 우리의 기대가 무참히 좌절되어 실망감이 밀려들 때에는 그것을 능가할 만한 희망을 갖도록 노력해야할 것이다. 따라서 늘 기대감에 부풀어 있는 것보다는 기대를 하지 않는 편이 더 나을 것이다. 우리가 생각지도 않은 일이 이루어졌을 경우, 날아갈 듯한 행복감에 흠뻑 취해볼 수 있을 것이다. 어떠한 최면 상태에서 빠져 나오게 되면 우리는 늘 허탈감 같은 것을 느끼게 되지 않는가? 그러니 커다란 타격을 줄 수 있는 불행한 일이 다가올지도 모른다는 생각을 하는 것이 어떨 땐 더 유용한 일이 될 수도 있을 것이다. 이는 실제로 우리를 짓누르는 심각한 불행이 찾아와도 이에서 조금이라도 더 쉽게 빠져 나올 수 있도록 우리를 도와줄 것이다. 예상했던 것만큼의 불행은 아니라는 생각이 우리를 위로해 줄 수 있을 것이기에.

쇼펜하우어, 〈지혜로운 삶에 대한 격언〉

자기 자신을 사랑하기

자기 자신을 사랑하는 것은 인생에 애착을 갖고 살아가는 기본이 된다.
오스카 와일드, 〈잠언집〉

♥

당신 자신의 친구가 되어라. 그러면 당신은 더 이상 혼자가 아니다.
그라시앙, 〈조신〉

♥

객관적으로 자신을 평가하려고 노력하라. 그리고 자신에게는 오히려 인색하게 굴어라. 그러면 모든 이에게 인정받는 사람이 될 것이다.
그라시앙, 〈조신〉

♥

늘 시작을 중요하게 여기고 이에 대해 철저한 사전 준비를 해 둘 필요가 있다.
중국 격언

♥

이 순간부터 자신이 충분히 성장할 수 있는 만반의 준비가 되어 있는 인간이라고 생각하라. 그러면 아무리 탐나는 것이 있다 하더라도 자신을 위해 법을 위반하는 어리석은 행위를 하지 않게 될 것이다.
에픽테토스, 〈에픽테토스 개론〉

당신이 하는 모든 말이나 행동이 자연의 법칙에 부응하는 것이라 생각하라. 그리고 당신을 왜곡시키거나 비판하게 할 결과를 만들지 말라. 그러나 올바르게 행동하고 말하는 것을 두고 비열한 것이라 여겨선 안 될 것이다. 사람마다 나름의 살아가는 방식이 있기 마련이다. 또 그들만의 본능에 따라 행하게 되어 있다. 그렇다고 염려할 것은 없다. 당신의 본능과 자연의 법칙이 인도하는 대로 그 길을 따라가면 되는 것이다. 당신의 본능과 자연의 법칙은 한 길로 통하게 되어 있다.

마르쿠스 아우렐리우스, 〈명상록〉

♥

늘 자신을 알리는 데만 너무 급급하지 말고 자신의 가치를 높이는 데 전념하도록 하라.

공자

당신이 살아가는 인생의 골조를 이루는, 당신에게 일어나는 모든 일을 사랑하라. 이보다 당신에게 더 유익한 일이 또 있겠는가?

마르쿠스 아우렐리우스, 〈명상록〉

♥

누구나 자신을 사랑하도록 노력해야 할 것이다. 자신의 생각보다도 남이 자신에 대해 갖고 있는 생각에 집착하는 이들을 볼 때마다 놀라움을 금할 수가 없다. 신은 당신 편이다. 현명한 스승이 당신에게 자신의 생각을 목청 높여 표현할 필요가 있다고 이르는 것은 당신의 생각을 단 한 번의 표현으로 타인에게 납득시키는 일이 불가능하기 때문이다. 그래서 대부분의 인간들은 자신의 생각보다도 주변에 있는 이들이 자신에 대해 갖고 있는 생각에 더 많은 두려움을 느끼게 되는 것이다.

마르쿠스 아우렐리우스, 〈명상록〉

뭔가를 소유하고자 하는 자신의 욕구를 충족시키는 데 집착하는 것은 짚으로 불을 끄려고 하는 일과 같은 것이다.

중국 격언

♥

자기 주변에 있는 이에 대해 갖는 애정이나 신뢰감, 조심스러움, 의무감에서 타인보다도 자기 자신의 생각을 중히 여길 줄 아는 사람은 분별력 있는 사람이다. 자신의 의견에 따르는 것이 자연의 법칙을 따르는 것이기에.

마르쿠스 아우렐리우스, 〈명상록〉

♥

무지란 정신이 어둡다는 뜻이다. 그리고 이러한 암흑 속에는 달도 별도 존재하지 않는다.

중국 격언

♥

스토아 학파는 이 세상에 태어난 모든 인간은 태어나는 그 순간부터 자신의 몸을 소중히 여기며 자신과 관계된 모든 일을 본능에 따라 행동하되, 자신을 파멸로 몰고 가는 일은 하지 말아야 한다고 주장한다. 그러나 대부분의 인간은 기쁨과 고통을 경험하기도 전에 자신에게 유익한 사소한 것들만을 추구하고, 자신에게 해로운 것으로부터 도망치려 하며, 자신의 본성에 애착을 갖지 않고 파멸의 길로 치닫는 경우가 많다. 게다가 자신에 대한 그 어떤 애정이나 자각심을 가지고 있지 않은 이들은 자기 자신에게 아무 것도 바라지 않는다. 따라서 우리가 여기서 결론 내릴 수 있는 점은, 자신을 사랑하는 일이 모든 일의 기본이 된다는 것이다.

키케로, 〈드 피니뷔스〉

♥

세상에서 가장 훌륭한 철학자는 농담 섞인 풍자와 멸시에 대한 관용을 적절히 조화시킬 줄 아는 철학자이다.

샹포르, 〈격언과 고찰〉

♥

다양한 의견을 듣고 수렴하는 것은 지식을 쌓아 가는 첫 번째 단계이다. 그리고 우리가 알게 된 사실을 직시하고 곰곰이 생각해 보는 것은 지식을 쌓아 가는 두 번째 단계이다.

공자

♥

본능은 내게 빈곤한 삶을 살아가라 하며 풍요로운 삶을 멀리하라 한다. 그리고 이렇게 소리친다. "남에게 예속되지 않는 삶을 살아가라"

샹포르, 〈격언과 고찰〉

♥

우리는 자신이 갈망하는 것을 무조건 원하지 않고 이를 절제할 줄 아는 삶을 살아가야 할 것이다.

니체, 〈선악의 피안〉

♥

하늘을 우러러 한 점의 부끄러움이라도 있으면 안 될 것이다. 행동을 할 때 자신의 양심 이외에는 어떠한 잣대도 필요로 해서는 안 된다. 성실한 인간은 다른 어떤 규범보다 자신의 엄격한 규범을 소중히 여기고 이에 따라 행동한다. 그는 엄격한 상관이 무서워서가 아니라 자신의 온당함에 위배되는 것이 싫어서 합당치 않은 행동을 삼간다. 자신을 두려워할 줄 아는 이는 세네카를 능가할 만한 훌륭한 현학자가 될 만한 충분한 자질을 가지고 있는 자이다.

그라시앙, 〈조신〉

우울함을 스스로 치유할 줄 아는 것은 행복감에 젖어 사는 산파의 기술만큼 매우 유익한 일이다. 나쁜 소식을 주고받는 것은 조금도 가치 있는 일이 아니다. 그에 대한 구제책을 찾아 나서는 것이 훨씬 유용한 일일 것이다. 자신의 귀를 아첨하는 이들에게만 열어 놓는 이가 있는가 하면, 자신의 잘못된 점을 꼬집어 주는 이들에게만 열어 놓는 이도 있다. 독이 없으면 해독제도 필요하지 않은 법이다. 자신과 평생을 함께 할 밀접한 관계에 있는 이들에게 순간의 기쁨을 안겨주기 위해 이를 오용한다면 이보다 더 슬픈 일도 없을 것이다. 조언을 구하는 이에게 환심을 사기 위해 빈말을 하는 과오를 범해서는 안 될 것이다. 따라서 우리가 앞에서 다룬 정의로운 교훈에 따라, 우리가 타인에게 순간적인 기쁨을 줄 것인지, 아니면 우리 자신에게 힘든 일을 행할 것인지 하는 선택의 기로에 섰을 경우 주저하지 말고 타인에게 또 자신에게 힘든 일이 되겠지만 타인에게 구제책을 찾아줄 수 있는 방법을 택할 줄 아는 지혜를 가져야 할 것이다.

그라시앙, 〈조신〉

♥

스스로에게 만족하지 못하는 자는 무기력한 자이고, 스스로에게 만족하는 자는 무분별한 사람이다.

그라시앙, 〈조신〉

♥

사람들이 우리를 기쁘게 해주는 말에서 우리는 어떠한 배울 점도 찾아볼 수 없을 것이다.

라 로슈푸코, 〈잠언집〉

♥

사람들이 우리를 꾸짖는 날카로운 말보다 우리가 우리 자신을 책망하는 말이 더 혹독해야 할 것이다.

라 로슈푸코, 〈잠언집〉

사람들의 이목을 끄는 것이 두려워 과감한 결정을 내려야 할 때도 이를 행하지 못하는 경우가 많다. 그 결과, 위험한 일 앞에서, 자신이 피해를 입지 않기 위해 피해 감으로써 스스로를 무능력한 인간으로 전락시키는 결과를 낳게 된다.

상포르, 〈격언과 고찰〉

평온함에 대하여

행복한 이들이 절제를 할 수 있는 것은 행복이 그들의 기분을 평온하게 해주기 때문이다.

라 로슈푸코, 〈잠언집〉

♥

정의로운 인생을 살아가는 이의 마음은 늘 평온하지만, 정의롭지 못한 인생을 살아가는 이의 마음은 늘 불안으로 가득한 법이다.

에피쿠로스, 〈바티칸 궁의 격언〉

♥

마음이 평온한 자는 자기 자신이나 타인에 의해 혼란에 빠지지 않는다.

에피쿠로스, 〈바티칸 궁의 격언〉

♥

우리의 기분이 편안하거나 불안한 것은 우리의 인생에서 매우 중대한 커다란 사건들 자체 때문이 아니라, 우리에게 자주 일어나는 까다롭고 불쾌한 사소한 문제들을 얼마나 잘 조정하느냐에 달려 있는 것이다.

라 로슈푸코, 〈잠언집〉

♥

타인을 해치는 행동이 자신을 해치는 결과를 초래한다.

중국 격언

자신이 밟아온 전철을 기억하지 못하는 자는 앞으로 자신이 가야 할 길도 모르는 법이다.

중국 격언

♥

늘 신중히 생각하지 않고 행동하는 자가 어찌 자신의 목표에 이를 수 있겠는가?

중국 격언

♥

마음에 여유가 있는 자는 필요한 말만 간단히 요약하여 말하기 때문에 듣는 이가 쉽게 알아들을 수 있지만, 반대로 마음에 여유가 없는 자는 쓸데없는 말만을 쉬지 않고 늘어놓기 때문에 듣는 이가 이를 이해하는 데 많은 어려움을 느끼게 된다.

라 로슈푸코, 〈잠언집〉

♥

우리는 일상의 공공연한 문제들로 가득 차 있는 감옥에서 해방되어야 할 것이다.

에피쿠로스, 〈바티칸 궁의 격언〉

♥

할 수만 있다면, 적절한 주제에 대해 여러 사람들과 당신이 나눴던 대화를 당신의 말로 바꾸어 다시 한 번 재현해 보라. 그러나 당신의 말을 듣고 있는 사람들로부터 당신이 소외된 느낌이 든다면 침묵을 지켜야 할 것이다.

에픽테토스, 〈에픽테토스 개론〉

♥

불쾌하거나 부적절한 생각을 떨쳐버리고 완전한 평온함 속에 흠뻑 빠져 보라!

마르쿠스 아우렐리우스, 〈명상록〉

♥

충분한 시간을 두고 심사숙고할 줄 모르는 자는 이로 인해 실패를 맛보게 될 것이다.

중국 격언

♥

타인에게 행하듯 자신에게도 행하라.

맹자

♥

자신의 행동을 억제할 줄 모르는 자가 어찌 타인의 행동을 규제할 수 있겠는가?

공자

♥

우리는 시골이나 바닷가 혹은 산에서 휴식처를 찾고자 한다. 그리고 당신 역시 이런 조용한 곳을 열렬히 선호하는 경향이 있을 것이다. 그러나 이러한 생각은 당신이 원하기만 한다면 언제든 당신의 생각 속에서 몰아낼 수 있는 가장 통속적인 견해에 지나지 않는 것이다. 실제로, 그 어느 곳도 인간이 자신의 정신 속에서 맛볼 수 있는 평온함을 느끼게 해 주지는 못한다. 마음의 평온은 우리가 원하기만 하면 즉시 다다를 수 있는 상태이다. 완전한 평온 속에 빠지게 된 우리에게 다른 영역의 것들은 관심 밖의 것이 될 것이다.

마르쿠스 아우렐리우스, 〈명상록〉

♥

늘 마음속에 다음의 세 가지 생각을 간직해야 할 것이다.
우선, 정의에 따라 행하지 않고 무턱대고 행하는 당신의 행동에 대해 생각해 보자. 한번 밖으로 표출된 행위는 그것이 우연에 의한 것이든 신의 섭리에 의한 것이든, 이를 탓하거나 책망해서는 안 될 것이다.
두 번째로, 각 개인의 사고 방식에 활기를 불어넣어 줄 때까지의 과정과 또 그 순간에 다시 자신이 갖고 있던 사고로 되돌아갈 때까지의 과정을 고찰해 보라. 어떠한 요소들로 구성되어 있는지 또, 어떠한 요소들로 귀착되는지 말이다.
세 번째로, 좀더 고차원적으로 고양된 분위기 속에서, 당신은 인간 세상의 일을 경시하는, 창공에 거주하고 있는 자가 되어 세상사와 그 무상함에 대해 곰곰이 생각해 보라. 당신의 정신이 드높아질 때마다 당신은 세상사의 한결같음과 그 짧은 기간을 인지하게 될 것이다. 이제 당신은 거만해져 있는 자신을 느껴볼 수 있을 것이다.

마르쿠스 아우렐리우스, 〈명상록〉

♥

인생을 살아가는 내내 다른 곳으로 벗어나 헤매지 않기 위해서 늘 사고하는 습관을 길러 둘 필요가 있다.

그라시앙, 〈조신〉

♥

우리는 늘 어떻게 하면 기분 좋은 마음과 한결같은 관대함을 간직할 수 있을까, 또 흥분하거나 낙담하지 않고 행복감에 젖어 평온한 상태를 유지해 나갈 수 있을까 하는 생각에 빠져 살아간다. 이것이 바로 마음의 평온함에 이르는 길이기에……. 따라서 어떻게 해야 특이한 경우로 빠지지 않고 마음의 평온함에 이를 수 있을지 모색해 보아야 할 것이다. 이는 모두에게 유용한 일이다. 그리고 당신은 원하는 것만을 거기서 취하면 된다.

세네카, 〈마음의 평온함에 대하여〉

무수한 사람들이 차례차례 각자의 집으로, 극장으로, 토론회로 분주히 움직이는 이 복잡한 세상 속에서 우리는 겉돌고 있는 것 같은 인생을 살지 않도록 노력해야 할 것이다. 인간들은 끊임없이 싸우며 타인의 일에 간섭하려 든다. 그리하여 누군가가 집에서 나갈 때 옆에서 늘 이렇게 묻는 사람이 존재한다. "어디 가? 뭐 할 거야?" 그러면 그는 이렇게 대답하곤 한다. "그건 신만이 알지! 나도 내가 무얼 할진 모르겠어. 아마도 사람들을 만나서 뭔가 해야 할 일을 찾아야겠지."

세네카, 〈마음의 평온함에 대하여〉

♥

옷은 새 것일수록 좋은 법이고 친구는 오래될수록 좋은 법이다.

중국 격언

♥

늘 남에게 친절히 대하는 것을 몸에 익혀라. 그리고 남에게 모욕적인 행동을 하지 않도록 주의하라.

중국 격언

♥

높이 날아오르는 자가 내려오기도 쉬운 법이다.

중국 격언

♥

자신에 대해 자주 성찰하는 기회를 가져야 할 것이다. 우리와 다른 무수히 많은 사람들로 이루어져 있는 이 사회는 우리에게 혼란을 야기시키고 감정을 자극하고 과오에 빠지도록 유혹한다. 따라서 우리는 고독한 생활과 사회 생활을 교대로 적절히 잘 배합시켜 볼 필요가 있다. 고독은 우리에게 사람들이 북적이는 사회를 그리워하게 한다. 고독한 생활과 사회 생활은 서로를 치유해주는 역할을 한다. 그 결과, 우리가 군중에게서 느끼던 혐오감은 고독한 생활 속에서 서서히 사라지게 될 것이고,

또 고독한 생활 속에서 느끼던 거부감은 군중과 함께 하는 생활 속에서 치유될 것이다.

세네카, 〈마음의 평온함에 대하여〉

♥

나는 당신이 무기력하고 헛되이 휴식을 취하거나 수면에 빠지지 않기를 바란다. 이보다는 당신에게 활기를 불어넣어 줄 수 있는 수많은 사람들과 부딪혀 가며 행복감을 맛볼 수 있게 되기를 바란다. 생기를 부여해 주는 것은 휴식이 아니다. 당신은 당신 혼자 조용히 수행할 수 있는 일보다 수많은 사람들 사이에서 당신의 열정을 쏟아가며 수행할 수 있는 일이 훨씬 광대하다는 사실을 발견하게 될 것이다.

세네카, 〈짧은 인생에 대하여〉

♥

평온한 삶을 추구하는 자는 그것이 개인적이든 공적이든 상관없이 너무 많은 일을 해서는 안 될 것이다.

익명의 작가

♥

사람들은 늘 애정을 갖고 시작한 일을 그의 야망으로 몰고 가는 경향이 있다. 그리고 끝내는 그들이 죽을 때보다 더 적막한 외로움을 맛보게 된다.

라 브뤼에르, 〈인물론〉

♥

우리는 사람들과 있을 때보다 혼자 있을 때 더 큰 행복감을 맛보게 된다. 이는 혼자 있을 때 느끼는 외로움을 만끽해서가 아니다. 혼자 있을 때 그의 기억 속에 떠오르는 수많은 사람들에 대한 추억이 우리를 행복하게 하기 때문이다.

샹포르, 〈격언과 고찰〉

평온함은 우리에게 행복감과 숭고함을 맛보게 해주는 마법의 약과 같다. 세상 사람들로부터 상처받은 우리의 마음을 달래 주기에.

크리스틴 드 스웨드, 〈잠언집〉

♥

위대한 이는 고독을 즐길 줄 안다.

크리스틴 드 스웨드, 〈잠언집〉

♥

현명한 인간은 번민이나 걱정을 멀리하고 마음의 여유를 가지는 것을 중요시 여긴다. 조용하고 절제 있는 삶을 추구하는 그는 자신의 일에 훼방을 놓는 사람과도 좋은 관계를 유지해 나가는 지혜로움을 보인다. 그는 우리가 인간이라고 부르는 이들과 대화를 나눈 후, 뒤로 물러나 다시 한 번 생각하는 신중함을 선호한다. 늘 고차원적인 생각을 갖고 있는 그가 제일로 꼽는 것은 고독이다. 마음속에 든 것이 많은 사람일수록 세상과 인간들로부터 바라는 것은 적은 법이다. 따라서 지적 능력이 뛰어난 그는 비사교적인 면을 많이 가지고 있다. 아! 사교 생활에서 질적으로 우수한 사교 관계가 늘어날 수만 있다면 이 거대한 세상도 살아볼 만한 가치가 있지 않겠는가! 그러니 이 얼마나 유감스러운 일인가. 경박하고 혐오스런 인간들이 백 명이 있으면 뭣하겠는가! 단 한 명의 합리적인 인간보다도 무익한 이들인 것을······.

쇼펜하우어, 〈지혜로운 삶에 대한 격언〉

♥

우리의 마음을 평온하게 해주는 고독한 생활은 대개의 경우, 타인의 시선에서 벗어나 우리에게 부단히 고민거리를 안겨주는 결과를 만들어내지 않으려는 취지에서 기인한 것이다.

쇼펜하우어, 〈지혜로운 삶에 대한 격언〉

♥

사실상 어떤 일에 대해 화를 내는 것은 자기 자신의 본성을 밖으로 표출하는 행위라 할 수 있다. 자신이 모욕당했다는 생각이 들게 되면 다른 한 사람에 대한 적개심을 키워 그의 일을 방해하며 그에게 대항하려는 모습을 나타내게 된다. 자신의 분노가 가라앉을 때까지 말이다.

마르쿠스 아우렐리우스, 〈명상록〉

♥

우리가 느끼는 슬픔이나 분노는 이를 유발하도록 부추기는 이들의 것보다 훨씬 감당해내기 힘든 감정이다.

마르쿠스 아우렐리우스, 〈명상록〉

♥

분노나 증오심을 얼굴에 드러내거나 말로 표현하는 것은 무의미하다. 그것은 위험하고 무모한, 어떻게 보면 우스꽝스럽고 경박스럽기까지 한 결과를 만들어 낼 뿐이다. 따라서 우리는 분노나 증오심을 나타낼 때 몸소 행동으로 보여주어야 할 것이다. 행동으로 보여주는 방식이 얼굴에 인상을 쓴다거나 말을 하고 다니는 것보다 훨씬 효과적인 것이기 때문이다. 침착한 동물일수록 그 독은 강한 법이다.

쇼펜하우어, 〈지혜로운 삶에 대한 격언〉

♥

자신의 입맛에 맞는 삶만을 추구하는 자는 스스로 망하게 되어 있다.

중국 격언

♥

높이 오르면 오를수록 내려오기가 두려운 법이다.

중국 격언

♥

인간이 자신의 본분을 망각해서는 안 될 것이다.

중국 격언

역경 속에서 침착함을 유지할 수 있는 사람은 인생을 살아가면서 일어날 수 있는 수많은 불행한 일들을 예견하고 있는 사람이다. 그래서 그는 뜻밖의 순간에 들이닥친 불행도 충분히 일어날 수 있는 일로 대수롭지 않게 여기게 되는 것이다. 그렇다고 해서 불행 앞에서 침착함을 유지하는 이가 인간적인 면이 없는 이라고 여겨서는 안 될 것이다. 그 역시 보통 인간들처럼 끊임없이 자신의 운명이 참으로 슬프고 한탄스럽다는 생각을 한다. 그리고 끊임없이 괴로워한다.

쇼펜하우어, 〈지혜로운 삶에 대한 격언〉

불행을 이겨낼 수 있는 중요한 원칙이 있다면 그것은 아마도 자신에게 닥쳐올 불행을 예견할 수 있는 능력을 갖추고 있느냐 그렇지 않느냐 하는 것일 것이다. 그래서 자신의 불행을 사전에 예견하고 있는 이가 불행한 일을 당했을 경우엔 이를 예견치 못한 상태에서 불행한 일을 당하는 이들보다 훨씬 부담을 덜 느끼게 되는 것이다.
우리는 흔히 어떤 불행한 일이 일어나기 전에는 모든 상황에서 생겨날 가능성이 있어 보이는 불행을 포괄적이고도 합리적인 방식으로 침착하게 사고한다. 그러나 막상 불행이 들이닥치면 우리가 생각한 바와는 달리 우리의 생각을 그대로 행동으로 옮기지 못하는 경우가 많다.

쇼펜하우어, 〈지혜로운 삶에 대한 격언〉

단호하고 확고한 의지를 가진 당신은 타인이 부담을 느끼게 하는 행위를 하지 않습니다. 사람들이 당신의 화풀이 대상이 되어야만 할 이유가 전혀 없기에……. 늘 평온한 삶을 꿈꾸는 당신은 타인을 당신의 일로 힘들게 하지 않고 혼자 그 고통을 이겨낼 줄 아는 사람입니다. 이유 없이 화풀이 대상이 되는 이들을 가여운 희생자로 여기는 당신이기에…….

카암, 〈4행시〉

한 순간, 참지 못하고 터뜨린 분노가 한 세기를 후회할 일을 만들어 낼 수도 있다.

중국 격언

♥

신뢰에 대하여

자신의 비밀을 털어놓은 자는 그 말을 들은 이의 노예가 되는 법이다.
그라시앙, 〈조신〉

♥

우리는 어찌하여 자신도 지키지 못하는 자신의 비밀을 타인이 지켜주기를 바라는가?
라 로슈푸코, 〈잠언집〉

♥

과묵한 자의 성품은 타고나는 것도 아니고 타인에게 배우는 것도 아니다.
라 브뤼에르, 〈인물론〉

♥

완전히 믿지 못하는 사람을 믿는 행위보다 더 위험한 일은 없을 것이다. 비밀을 간직한다는 일은 매우 어려운 일이다. 인간은 고이 간직해야만 하는 말도 타인에게 말하고 싶어하는 충동을 늘 느끼기에.
라 브뤼에르, 〈인물론〉

♥

당신이 내일 할 수 있는 일을 오늘 할 수는 없는 일입니다. 그러니 내일의 일을 걱정한다는 것은 매우 무의미한 일입니다. 합리적인 당신은 내일의 일 때문에 오늘을 힘들게 보내지 않습니다.

현재가 소중하다는 것을 아는 당신이기에…….

카얌, 〈4행시〉

♥

늘 자신에게 최선책이 될 수 있는 일을 간편하고 자유롭게 선택할 줄 알아야 할 것이다. 그리고 한번 선택한 것을 고수할 줄 알아야 한다. 당신이 최선책이라 생각하는 일은 그만한 가치가 있는 것이기에.

마르쿠스 아우렐리우스, 〈명상록〉

♥

솔직함과 신용이 밀접한 관계가 있는 것이긴 하지만 이들 둘은 여러 가지 면에서 매우 상이한 면을 가지고 있다. 솔직함은 있는 그대로의 모습을 그대로 보여주는 것이다. 따라서 진실된 감정을 사랑하고 사실을 숨기는 것을 혐오하는 솔직한 인간은 자신의 과오를 자백하고 이에 대한 부담감을 덜기를 바란다. 반면에 신용은 우리를 구속하는 경향이 강하다. 또한 타인에게 신용을 얻는다는 것은 매우 힘든 일이다. 우리가 신용을 얻기 위해선 모든 일을 할 때 늘 신중함과 조심성을 몸에 익혀야 한다. 신용은 우리 자신만 관계되는 문제가 아니기 때문이다. 우리의 이해 관계는 늘 타인과 함께 하는 것이다. 따라서 친구들이 우리에 대해 실망하거나 우리에 대해 갖고 있던 좋은 감정을 손상시키지 않게 하기 위해선 부단한 노력이 필요하다. 신용은 타인에 대해 좋은 감정을 갖는 데서 생기는 감정이다. 따라서 우리가 뿌린 만큼 거둬들이는 하나의 성과물이라 해도 과언이 아니다. 타인에게 우리에 대한 믿음을 심어주고 그에 대한 대가로 얻는 신용은 타인의 마음을 사로잡는 일종의 인과 관계에 있는 감정이라 이를 수 있을 것이다.

라 로슈푸코, 〈잠언집〉

♥

자각심에 대하여

자기 자신을 두려워할 줄 아는 자에게 더 이상 두려울 게 뭐가 있겠는가!
중국 격언

자기 자신을 안다는 것은 매우 중요한 일이다. 그러나 이는 자신이 진실된 사람이라는 점보다도 자신의 삶을 규제한다는 각도에서 숙고해 보아야 할 문제일 것이다. 그럴 줄 안다면 이보다 더 공정한 이가 또 있겠는가!
파스칼, 〈팡세〉

♥

자기 자신에 대해 신중히 심사숙고하고 자신의 성향을 파악하여 미래에 저지를 수 있는 과오를 예방하기 위해선 자신의 본성과 재주를 적절히 배합할 줄 알아야 할 것이다. 자기 자신을 파악하는 것은 자기 자신의 결점을 고치는 기초가 된다.
그라시앙, 〈조신〉

♥

자신의 능력을 파악한다면 자신의 뛰어난 점을 발전시키고 부족한 부분을 개선하는 데 많은 도움이 될 것이다. 따라서, 자신만의 탁월한 재능을 파악하여 이를 돋보이게 할 수 있는 자만이 훌륭한 사람이 될 수 있다. 그러니 당신의 재능을 되도록 빨리 파악하라. 그리고 그에 전념하

라. 그러나 이를 실행할 때 때로는 비판하고 때로는 과감히 몰아붙이는 것도 필요하다. 대부분 사람들은 자신의 재능을 제대로 파악하지 못한다. 그리하여 자신에게는 탁월한 재능이 하나도 없다고 판단하는 이가 많은 것이다. 그리고 너무 때늦게 자신의 재능을 발견하고는 이를 아쉬워하는 이가 생기게 된다

그라시앙, 〈조신〉

사람들마다 단점을 가지고 있기 마련이다. 그러나 이러한 단점이 부추겨질 것 같으면 이를 억제할 줄 아는 미덕을 지녀야 할 것이다. 자기 자신에게 자신의 과오를 고백하고 이를 책망할 줄 알아야 할 것이다. 자신의 과오를 남들이 생각하는 것처럼 정확히 파악하고 있는 사람은 스스로 과오를 억제할 수 있다. 따라서, 자기 자신의 지배자가 되기 위해선 자기 자신에 대해 반성하고 심사숙고해 볼 필요가 있다.

그라시앙, 〈조신〉

자기가 가야 할 이상적인 길을 찾아내지 못한 인간은 이상이 없는 인간보다도 더 하찮고 부당한 인생을 살아가게 되어 있다.

니체, 〈선악의 피안〉

어떤 나라에 있는 산이 그 나라에서 가장 매력적이고 아름다운 형세를 갖추고 있다는 소리를 수백 번도 더 들었다고 치자. 우리를 충분히 열광시킬 정도로 환상적인 외관을 갖추고 있다는 이 산에 대해 퍼져 있는 소문을 확인하는 방법은 직접 올라가서 두 눈으로 확인해 보는 방법밖에 없다. 그러나 기대에 부풀어 힘들여 올라간 산의 정상에서 본 정경이 그리 만족스럽지 못하고 실망스러운 것이라면 우리 주위의 사람들에게 퍼져 있던 이 산의 언덕이나 경치에 대해 가지고 있던 매력은 순식간에

사라져 버릴 것이다. 그리고 여러 지방에 살던 사람들의 눈에 그토록 높아 보이던, 또 훌륭해 보이던 이 산에 대한 찬사를 모두 잊어버리게 될 것이다. 그 산에 오르지 못했던 사람들에게 단지 그렇게 보였을 뿐이란 사실이 밝혀진 것이기에……. 아마도 당신 주위에 있는 사람 중에도 자신의 모습을 제대로 객관적으로 보지 못하고 자신이 상당히 매력적이고 원기 왕성해 보일 거라는 착각에 빠져 그렇게 말하고 다니는 이들이 많을 것이다. 그러나 정말로 자기 자신을 제대로 파악하고 있는 자는 정작 이런 말을 하고 다니지 않는 법이다.

니체, 〈유쾌한 지식〉

♥

인간은 결코 자기 자신을 속이지 못하는 법이다.

크리스틴 드 스웨드, 〈잠언집〉

♥

자기 자신의 아주 세세한 부분까지 알기 위해선 먼저 타인들에 대한 모든 것을 파악할 필요가 있을 것이다.

오스카 와일드, 〈잠언집〉

♥

우리의 인생에서 행복을 가져다주는 것은 남녀가 어울린 끊임없는 향연과 축제 분위기나 테이블 위에 펼쳐져 있는 풍부한 음식이 아니라 마음에 혼란을 야기시키는 여러 의견 중에서 어떤 것은 취하고 어떤 것은 버릴 수 있는 절도이다.

에피쿠로스, 〈메네세에 보내는 편지〉

당신의 마음을 지배하는 법칙이 불경건하거나 부덕한 것이어서는 안 될 것이다. 늘 이러한 마음가짐에 충실하라. 그리고 타인이 당신에게 무슨 말을 하건 이에 신경 쓰지 말라. 그의 생각이 당신을 좌지우지할 수 있는 것은 아니지 않는가.

에픽테토스, 〈에픽테토스 개론〉

♥

밖으로 드러나는 행복과 기쁨의 모든 원천은 본디, 매우 막연하고 애매하고 순간적이고 임의적인 것이어서 가장 기분 좋은 상황에도 쉽게 고갈되어 버리는 경향이 있다. 따라서 우리의 수중에 들어올 때까지 불가피하게 기다릴 수밖에 없는 노릇이다. 게다가 나이가 들어감에 따라 밖으로 드러나는 행복의 거의 모든 원천은 숙명적으로 고갈되어 버린다. 사랑이나 농담, 여행의 즐거움이나 마법 같은 행복감, 타고난 재능, 이 모든 것들이 우리에게서 떠나가 버리기 때문이다. 죽음은 우리의 친구와 부모까지도 앗아가 버리지 않는가! 이 순간은 그 어느 때보다 더 자기 혼자서 견뎌내야 한다는 사실을 명심해야 할 것이다. 그렇긴 하지만 전 생애에 걸쳐 행복의 진정한 원천은 늘 우리 주위에 머물러 있다는 사실을 잊지 말아야 할 것이다.

쇼펜하우어, 〈지혜로운 삶에 대한 격언〉

♥

우리가 하는 말들은 우리의 마음 상태를 가장 잘 반영해 준다.

생 프랑수아 드 살

♥

대부분의 인간은 자신의 목적을 달성하기 위해 필요한 부단한 노력을 하지 않고 단 한 번의 노력으로 이에 다다르려는 경향이 있다. 그들의 나태함과 변덕스러움이 가장 중요한 기초가 되어야 하는 처음 순간부터 재를 뿌리기 시작하여 천천히 끊임없이 그들을 무기력하게 만들기 때문이다.

라 브뤼에르, 〈인물론〉

굶주린 여우가 포도나무 덩굴에 포도가 매달려 있는 것을 보았다. 따먹고 싶었지만 포도가 매달려 있는 곳이 너무 높아 이에 이를 수 없었다. 그러자 여우는 포도를 포기하고 뒤로 돌아서며 혼잣말로 중얼거렸다.
"너무 덜 익은 것 같아."
우리 인간들도 마찬가지다. 인간은 자신이 무능하여 목적을 달성하지 못하게 되면, 자신의 탓이 아닌 주변의 탓으로 돌려버리는 경향이 있기에.

이솝 우화

학교에서 돌아온 한 아이가 친구에게서 훔친 물건을 어머니에게 내놓았다. 이를 본 어머니는 꾸짖기는커녕 오히려 칭찬해 주었다. 그러자 아이는 또다시 망토를 훔쳐와 어머니에게 내놓았다. 그러자 어머니는 또 칭찬해 주었다. 아이가 자라서 청년이 되었다. 그는 더욱 크고 비싼 물건들을 훔쳐와 어머니에게 건네주곤 했다. 마침내 현행범으로 잡힌 그는 수갑이 채워진 채 사형 집행장으로 향하게 되었다. 어머니는 가슴을 치며 그의 뒤를 따라 걸어갔다. 그러자 아들은 어머니의 귀에 뭔가를 말하고 싶어하는 시늉을 해 보였다. 어머니가 간신히 그에게 귀를 갖다대주자 그는 이빨로 어머니의 귀를 사정없이 물어버렸다. 그러자 어머니가 그를 꾸짖었다. 그가 과거에 그토록 중대한 과실을 저질렀을 때도 나무라지 않던 어머니가 그를 꾸짖자 그는 어머니의 말을 잘라 반박했다.
"그날, 내가 당신께 처음으로 훔친 물건을 가져다주었을 때 나를 꾸짖어만 줬더라도 오늘 내가 사형장으로 끌려가는 일은 일어나지도 않았을 겁니다."
이 이야기는 악습은 바로 그 자리에서 고쳐주어야 한다는 교훈을 심어주고 있다.

이솝 우화

인간은 흔히 상황이 자신을 만들어 간다고 생각하는 경향이 있다. 그러나 자신이 이르고자 하는 목표가 생기면 조금씩 자신도 느끼지 못하는 사이에, 모든 상황이 자신이 바라던 대로 이끌려가고 있다는 사실을 알 수 있을 것이다.

라 로슈푸코, 〈잠언집〉

♥

우리의 의식은 세상에서 가장 훌륭한 책이다. 우리는 늘 이를 염두에 두어야 할 것이다.

파스칼, 〈팡세〉

♥

더러워진 옷을 깨끗이 빠는 것은 쉬운 일이지만, 우리의 의식을 깨끗이 정화하는 것은 쉬운 일이 아니다.

페르시아 격언

♥

우리들 각자는 소신껏 행동하고 남을 모방하여 행동해서는 안 될 것이다.

그라시앙, 〈조신〉

♥

수많은 사람들이 자신의 거울을 깨는 이유는 거울이 그들의 추악한 면을 비춰주기 때문이다.

그라시앙, 〈조신〉

♥

당신의 의식을 무엇이라 규명 지을 수 있을까? "당신은 당신다운 사람이 되어야 한다"

니체, 〈유쾌한 지식〉

♥

우리는 다른 모든 사람은 속일 수 있어도 자기 자신은 속일 수 없는 법이다.

크리스틴 드 스웨드, 〈잠언집〉

♥

우리는 자신의 잘못된 점을 고쳐볼 생각도 하지 않고 이를 행동에 옮기는 경향이 있다.

니체, 〈선악의 피안〉

♥

자기 자신에 대해 말하는 것을 즐기는 이는 늘 가면을 쓰고 자신을 높여 말하는 경향이 있다. 그러나 그의 얼굴 표정이 그에 대한 모든 진실을 밝혀준다.

오스카 와일드, 〈잠언집〉

♥

인간은 늘 애매한 행동을 취해 불리한 상황을 만들어 낸다.

프랑수아 미테랑

♥

자신의 불확실한 생각 속에서 갈피를 잡지 못하고 흔들리지 않도록 조심하라.

아이소포스, 우화

♥

타인에게 자신의 감정을 숨기는 데 익숙해지다 보면 우리 자신도 우리 자신에 의해 속게 되는 법이다.

라 로슈푸코, 〈잠언집〉

타인이 우리에게 갖고 있는 감정과 비교하여 자신이 혼자 힘으로 자신에 대한 올바른 평가를 내릴 수 있는 이는 행복한 사람이다.

쇼펜하우어, 〈지혜로운 삶에 대한 격언〉

♥

타인들이 우리에게 무거운 짐이 될 수 있는 과오를 반복하여 계속 범하는 것은 그것이 그들에게는 별로 괴롭게 느껴지거나 짐스럽게 여겨지지 않기 때문이다. 자기가 행한 일이 타인에게 어떠한 감정을 일으키는지 제대로 파악하지 못하고 똑같은 실수를 반복하는 일이 타인에게는 얼마나 끔찍한 일이겠는가. 우리가 실수를 저질렀을 때 이를 고치는 가장 빠르고 좋은 방법은 스스로 과오를 인정하고 이를 시인하는 것이다. 그러나 이를 행할 생각을 하지 못하고 늘 같은 과오를 범하는 이는 그만큼 타인들로부터 미움을 사게 될 것이다.

라 브뤼에르, 〈인물론〉

♥

마음에 입은 상처는 영원히 치유될 수 없는 법이다.

라틴 격언

♥

용기에 대하여

뒤로 한 발자국 물러서나 앞으로 한 발자국 나아가나 죽음을 면치 못하는 것이 매한가지 사실이라면 뒤로 물러서지 못할 이유가 뭐가 있겠는가?
중국 격언

♥

굳은 결심을 가지고 일을 감행하는 과정 속에서 용기가 커지고, 주저하고 망설이는 가운데에서 두려움이 커지는 법이다.
라틴 격언

♥

당신이 올바른 도리에 따라 걷고 있는 길에 방해가 되는 인간들은 자신들이 타인을 정도에서 벗어나게 한다는 사실을 모를 뿐 아니라, 그들이 자신들에게 가지고 있던 호의적인 감정이 적대감으로 변하게 된다는 사실조차 모른다. 그러니 다음과 같은 두 가지 사항을 준수하도록 행동에 늘 신중할 필요가 있다. 첫째, 당신에게 방해가 되거나 적대감을 품고 있는 이들에 대해 늘 확고한 태도와 비판 정신을 가질 것, 둘째, 그들에게 늘 친절히 대하도록 할 것. 이 두 가지를 몸에 익히도록 노력해야 할 것이다. 이러한 태도는 당신의 화를 진정시켜주어 그들에게 취할 행동을 포기한다거나 두려움으로 굴하게 되지 않도록 많은 도움을 줄 것이다. 또 한 가지, 주의해야 할 사항은 부모님이나 친구들의 정에 이끌려 올바른 길에 이르기 위한 행동에서 흔들리는 일이 있어서는 결코 안 될 것이란 점이다.

마르쿠스 아우렐리우스, 〈명상록〉

♥

제 아무리 높아도 인간이 못 오를 산은 존재하지 않는다.

중국 격언

♥

인생을 살아갈 때 너무 일을 크게 벌이는 자는 결코 만족스러운 인생을 살아갈 수 없다. 아무리 중대한 일이라 할지라도 이에 너무 부담을 느끼지는 말되 늘 최선을 다하는 자세로 임해야 할 것이다. 우리 인간은 늘 자기 자신에게 만족을 느끼지 못한다. 그리고 타인을 부러워하는 경향이 있다.

크리스틴 드 스웨드, 〈잠언집〉

♥

화를 낼 줄 모르는 자는 바보다. 그러나 화를 참을 줄 아는 자는 현명한 사람이다.

중국 격언

♥

당나귀와 노새가 함께 길을 가고 있었다. 둘이 짊어지고 있는 짐의 양은 똑같은 것이었다. 그러나 자신이 지고 있는 짐이 두 배나 되는 것 같다는 생각이 들어 화가 난 당나귀는 혼자 투덜거리기 시작했다. 잠시 후, 당나귀는 매우 힘들다는 시늉을 해 보였다. 더 이상 당나귀에게 짐을 지게 할 수 없다는 판단이 선 마부는 그의 짐 일부를 노새에게 짊어지게 하였다. 그리고 다시 길을 가게 했다. 그러나 당나귀는 더욱 힘들어하는 것 같아 보였다. 그리하여 마부는 그의 짐을 모두 노새에게 지게 하였다. 결국, 당나귀는 짐을 하나도 메지 않고 노새만 짐을 모두 지게 되었다. 일이 이렇게 되자, 노새는 당나귀를 흘끗 쳐다보며 다음과 같은 말을 건넸다. "너는 참 좋겠다, 네 생각대로 내가 두 배나 되는 이 무거운 짐을 들게 되었으니 말이야."
이는 우리 인간에게도 마찬가지이다. 늘 처음보다는 결과가 중요하다는 사실 말이다.

이솝 우화

♥

자신의 길을 비켜주는 자는 결코 바보가 아니다.

중국 격언

♥

늘 쉬운 일일수록 어렵게 생각해야 하고 어려운 일일수록 쉽게 생각해야 할 것이다.

그라시앙, 〈조신〉

♥

어떠한 일을 시작하기도 전에 불안한 생각을 먼저 가진다면 어찌 성공할 수 있겠는가?

그라시앙, 〈조신〉

♥

모든 상황에는 고통이 따르기 마련이다.

그라시앙, 〈조신〉

♥

용기와 신중함은 행복의 기본 조건들이다. 물론, 이러한 훌륭한 인간의 품성이 우리 스스로에 의해 만들어지는 것은 아니다. 용기는 아버지에게서, 신중함은 어머니에게서 물려받는 품성이다. 그렇기는 하지만, 굳은 결심을 갖고 이를 몸소 실천한다면 우리는 물려받은 품성을 더욱 훌륭하게 가꿀 수 있을 것이다. 냉혹한 이 세상을 살아가기 위해선 인간들과 우리의 운명에 흔들리지 않도록 스스로를 무장하는 어느 정도의 견고한 품성도 필요할 것이다. 우리네 인생은 전쟁터와 같은 곳이기에……. 따라서 우리는 끊임없이 싸우며 살아가야 할 것이다. 이와 같은 취지에서, 볼테르가 다음과 같은 말을 남긴 바 있다. "이 세상에 태어난 우리는 싸움에서 이긴 자만이 살아남을 수 있을 것이며 죽는 한이 있더라도 손에 무기를 든 채 죽어야 할 것이다." 용기가 없는 무력한 자는 지평선 너머로 폭염 소리가 들리고 연막이 뭉게뭉게 일어나는 것을 보기만 해도 신음소리 한 번 내보지도 못하고 그 자리에서 쓰러지고 말 것이다.

쇼펜하우어, 〈지혜로운 삶에 대한 격언〉

당신에게 싸울 의지가 없다면 도망가는 것은 당신의 자유이다.

세네카, 〈신의 섭리〉

너무 지나친 쾌락은 멀리하라. 지나친 방종은 우리를 운명에 대해 그 어떤 사고도 할 수 없게 만드는 영속적인 무기력 속으로 빠져들게 하여 우리의 정신을 마비시켜버리는 경향이 있다. 바깥의 바람을 철저히 막아주는 유리의 보호를 받으며, 벽과 마루가 따뜻한 식당에서 끊임없이 계속 만들어져 나오는 기름진 음식에 흠뻑 빠져 있는 인간을 본 적이 있는가? 이러한 인간에게는 극도로 경미한 미풍조차도 치명적인 것이 될 것이다.

세네카, 〈신의 섭리〉

우리는 자신의 이성에 전적으로 호소하며 살아갈 만큼 용감하지 못하다.

라 로슈푸코, 〈잠언집〉

신의로운 사람이 되려고 관심만 갖는다면 그와 유사한 사람이 되거나 그와 같은 이가 될 수 있을 것이다.

크리스틴 드 스웨드, 〈잠언집〉

♥

나태함이 우리를 더 나이 들게 한다.

크리스틴 드 스웨드, 〈잠언집〉

♥

우리는 세상 사람들의 시선을 끈다는 이유 하나만으로 우리의 선행을 부끄럽게 여기는 경향이 있다.

라 로슈푸코, 〈잠언집〉

♥

도의적인 귀족은 결코 세상 사람들을 비하시키거나 자신이 갖고 있는 특권을 남용하는 법이 없다. 또한 자신의 본분을 망각하지 않고 자신이 할 일을 남이 대신 해주기를 바라지 않는다.

니체, 〈선악의 피안〉

♥

타인이 갖고 있는 수천 가지의 단점보다 그가 가지고 있는 단 한 가지의 장점을 귀하게 여길 줄 아는 자는 행복한 사람이다.

그라시앙, 〈조신〉

♥

남을 비판하기 좋아하는 자는 타인의 좋은 면을 보고도 깊이 감동하지 못한다.

라 브뤼에르, 〈인물론〉

♥

지구상에는 이따금씩 훌륭한 품성으로 놀라울 만큼 강렬한 빛을 발하여 우리의 눈을 부시게 하는 보기 드물게 특출난 사람들이 나타난다. 갑자기 생겨났다가 사라져 버리는 비범한 별처럼 이들에게는 조상도 자손도 없다. 이들은 이들 세대에서만 존재하다가 사라져 버린다.

라 브뤼에르, 〈인물론〉

♥

열정은 우리의 인생에서 없으면 심심한 소금과도 같은 존재이다.

크리스틴 드 스웨드, 〈잠언집〉

♥

우리는 평생 인생이라는 학문을 배워가야 할 것이다.

크리스틴 드 스웨드, 〈잠언집〉

♥

우리가 인생을 살아갈 때 웬만한 일로는 심하게 동요해서는 안 될 것이다.

라 로슈푸코, 〈잠언집〉

♥

늘 모든 상황을 자세히 들여다보려고 노력하라. 개개인이 가지고 있는 장점은 당신의 눈에 잘 띄지 않는 법이다.

마르쿠스 아우렐리우스, 〈명상록〉

행복을 느끼지 못한다 할지라도 단 한 번 웃어보지 못하고 생을 마감할 수 있으니 늘 웃음을 잃지 말도록 노력해야 할 것이다.

라 브뤼에르, 〈인물론〉

우리네 인생에서 가장 무의미한 순간은 웃음이 없는 순간이다.

샹포르, 〈격언과 고찰〉

모든 일에서 절대성은 부인되어야 할 것이다. 또한 그 어느 것도 극적인 것으로 치달아서는 안 될 것이다. 이러한 이치를 따져볼 때 우리는 인간의 본성에 가장 잘 어울리는 것이 우는 것보다는 웃는 것이란 사실을 깨달을 수 있을 것이다.

세네카, 〈마음의 평온함에 대하여〉

♥

인류에게 가장 도움이 되는 것은 웃음이지 탄식이 아니다. 웃음은 미래에 대한 희망을 기대할 수 있게 하지만 탄식은 미래에 개선 가능한 것에 대해서도 어리석은 절망만을 안겨 준다. 그리고 우리의 마음을 매우 약하게 만들어 뒤로 한 발자국 물러난 우리의 얼굴에는 웃음기 없는 울음만 가득할 뿐이다. 그 무엇이 우리 자신에 대한 일만큼 중대하고 심각하고 비참한 일이 될 수 있겠는가!

세네카, 〈마음의 평온함에 대하여〉

♥

타인의 불행을 함께 아파해 주지 못하고 이를 즐기는 이는 비인간적이고 인정 없는 인간이다.

세네카, 〈마음의 평온함에 대하여〉

♥

모든 일에서 그 알맹이만 중요한 것이 아니라 그 일이 일어난 상황 또한 매우 중요한 부분을 차지한다. 부적절한 방식은 모든 일을 그르치며, 공명정대한 성격의 일까지 왜곡시킬 수 있다. 반대로, 일의 모자란 부분을 채워주는 적절한 방식은 거부감이 느껴지는 부분은 완화시켜주고 현실적으로 너무 날카로운 부분은 매끄럽게 해 준다. 그 결과, 우리 눈가의 주름살을 없애주는 역할을 한다. 이처럼 어떤 방식을 택하느냐에 따라 상황이 완전히 달라질 수 있다. 거리낌없는 자유로운 방식은 우리의 마음을 매우 기쁘게 해주는 동시에, 우리의 인생을 윤택하게 해준다.

그라시앙, 〈조신〉

그녀는 늘 행복합니다. 햇살이 눈부셔서 행복하고 비가 와서 행복하고 무지개가 선명히 떠서 행복하고 새들이 그녀를 위해 노래를 불러주어 행복합니다. 깊고 달콤한 잠에 빠졌을 때도, 명랑하고 생기발랄한 놀이를 할 때도, 맛있는 빵을 먹을 때도 행복합니다. 그녀에게 만족스럽지 않은 것은 하나도 존재하지 않습니다.

영국 익명의 작가

♥

쾌활함은 지상에서 제일 무례하고 방종한 형태를 취하고 있는 것이다.

익명의 작가

♥

스피노자가 다음과 같은 말을 남긴 바 있다. "인간에게 열정이 없을 수는 없다. 그러나 그의 마음이 행복으로 메워져 그에게 있는 열정이 차지하는 부분이 극히 작아 보일 수는 있다." 따라서 우리가 굳이 힘든 인생길을 걸어가지 않기 위해선 우울한 기분을 풀어줄 수 있는 음악이나 그림 혹은 잡담과 같은, 우리에게 필요한 행복한 일의 비중을 마음속에서 키워갈 필요가 있을 것이다.

알랭, 〈행복에 대하여〉

♥

유능하다고 호평이 나 있는 어떤 사람이 매우 까다롭고 엄격한 품성을 지녔다면, 그는 청소년들에게 부담스러운 사람일 것이다. 그는 청소년들을 겁먹게 하여, 덕이 부족하고 성격적으로 문제가 많아 개선할 부분이 많은 사람이란 생각을 들게 할 것이다. 그리하여 교육적인 면에서 아이들과 친해지기 힘들 것이다. 그러나 이와 반대로 유능하다고 호평이 나 있는 인간이 성격 또한 유하다면 아이들에게 매우 유익한 교훈을 심어줄 수 있을 것이다. 그는 아이들에게 명랑하고 근면하게 살아가는 법과 진정한 행복을 포기하지 않고 살아가는 신중한 사고 방식을 갖는 방법에 대해 가르쳐 줄 수 있을 것이다. 한마디로 그는 청소년들의 삶의 안내자가 되어줄 것이다.

라 브뤼에르, 〈인물론〉

늘 우울하고 불안해하는 이들은 겉으로는 보통 사람들보다 더 불행하고 더 고통스러워 보이는 게 사실이지만, 실상은 그 반대로 쾌활하고 태평스러워 보이는 이들보다 덜 불행하다. 모든 것을 비관적으로 생각하기에 모든 상황을 낙관적으로 보는 이들보다 결과 면에서 실망할 것도 적기 때문이다.

쇼펜하우어, 〈지혜로운 삶에 대한 격언〉

만일 새들이 다른 동물들보다 행복해 보인다면, 또 실제로도 그렇다면 그것은 그만한 이유가 있어서이다. 내가 이와 같이 쉽게 단언하는 것은 실제로 새들이 천성적으로 기쁘고 행복할 수밖에 없게 태어났기 때문이다. 우선, 새들은 지루함이란 것 자체를 모른다. 거리에 대한 감각이 거의 없는 새들은 아무리 먼 거리라 할지라도 아랑곳하지 않고 여러 지방으로 옮겨 다닌다. 그리고 놀라울 정도로 힘들이지 않고 땅에서 창공까지 순식간에 높이 솟아오른다. 따라서 그들은 살아 있는 동안 무한할 정도로 다양한 것들을 보게 된다. 그러나 그들은 육체적으로는 몸을 아끼지 않고 그들이 갖고 있는 온 힘을 살아 있는 동안에 다 써버린다. 다시 말해, 새들은 인간들처럼 피상적인 목숨에 연연해하지 않는다. 그러기에 그들은 행복한 것이다.

레오파르디, 〈새에 대한 찬사〉

슬픔 속에서 허덕이지 말고 즐거움 속에서 기뻐하는 삶을 살기를 바랍니다. 그리고 당신이 가는 길에 혹여 부정한 길이 있더라도 당신은 바른 길로 가야 할 것입니다. 우리가 살고 있는 이 세상의 끝은 죽음으로 이어져 있습니다. 당신 역시 이 세상에서 사라져 자유로운 몸이 되는 날이 올 것입니다.

카얌, 〈4행시〉

♥

친절한 행위는 모든 일의 부족한 부분을 채워주어 늘 좋은 결과를 낳게 한다. 늘 지혜로움이나 신중함, 정의로움과 수완을 굳이 기대하지 않더라도 친절을 행한 결과를 볼 수 있다. 타인에게 호의적인 이의 눈에는 결코 그의 단점이 보이지 않는 법이다. 늘 이를 멀리하려 하기에.

그라시앙, 〈조신〉

♥

늘 관대한 이가 승리하게 되어 있다.

그라시앙, 〈조신〉

♥

평소에 나뭇잎이나 열매가 열리지 않는 나무는 늘 삭막한 분위기를 자아내 준다.

그라시앙, 〈조신〉

♥

늘 남에게 불만이 많아 보이는 행동은 삼가라. 아무리 보잘 것 없는 사람이라 할지라도 그를 업신여기는 행동을 해서는 안 될 것이다. 핏줄에 이끌려 몰지각한 행동을 해서도 안 될 것이다. 그 누구도 당신의 생각을 미화시켜주지 않는다. 그러니 필요 없는 말은 삼가라. 그리고 너무 많은 일을 한꺼번에 다 소화해내려 하지도 말라. 그러면 당신의 마음이 평온해지는 것을 느낄 수 있을 것이다. 그리고 타인의 도움을 바라지 않고도 혼자의 힘으로 자신의 모든 문제를 잘 해결해 나가는 법과 타인들의 마음을 평온하게 해주는 법을 터득할 수 있게 될 것이다. 그러니 늘 올바른 길을 가도록 하라. 후회할 일을 만들지 말고.

마르쿠스 아우렐리우스, 〈명상록〉

♥

자기 자신을 깊이 연구하는 것을 생활화하도록 하라. 당신의 마음 깊숙한 곳에 행복의 샘이 살아 숨쉬고 있다. 당신이 마음 깊숙한 곳으로 들어가면 들어갈수록 행복의 샘이 솟아 나올 것이다.

마르쿠스 아우렐리우스, 〈명상록〉

♥

인간은 자신에게 호의적인 이에게 더욱 사교적이게 마련이다.

라 브뤼에르, 〈인물론〉

♥

세상에서 감사를 표하는 이의 행동보다 더 아름다운 것은 없을 것이다.

라 브뤼에르, 〈인물론〉

♥

진정한 행복보다 더 값진 것이 또 있을까? 그러나 자신이 진정으로 행복하다고 생각하는 이들조차 늘 관대하고 친절한 이들만을 만나고 싶어한다는 사실을 당신은 아는가.

익명의 작가

♥

기분이 좋아지는 법

해가 뜰 무렵, 잠에서 깨어나기 싫어질 때면 다음과 같은 생각을 하도록 하라. 내가 잠에서 깨어나는 것은 인간다운 행동을 하기 위한 것이다. 이 세상에 인간으로 태어난 내가 또 인간으로서 적합한 일을 해야 하는 내가 졸렬한 마음을 먹을 수 있겠는가? 이렇게 누워 담요 밑에서 따뜻한 잠이나 자려고 인간으로 태어났단 말인가.

마르쿠스 아우렐리우스, 〈명상록〉

자기 자신의 주인이 되어 스스로를 다스리고 다른 이들에 의해 질질 끌려 다니지 않는 인생을 살아야 한다. 늘 모든 상황을 기분 좋게 해결하고 아플 때조차도 좋은 기분을 유지하도록 노력해야 할 것이다. 행복한 사람은 늘 자신의 마음에 온화함과 신중함을 적절히 배합할 줄 알며, 모든 일을 어려움 없이 해결해 나가는 법을 잘 아는 법이다.

마르쿠스 아우렐리우스, 〈명상록〉

지나침이 없어야 단점보다 장점이 많이 나타나는 법이다. 약간의 농담은 모든 상황의 묘미를 돋우어 준다. 훌륭한 인간들 역시 다른 인간들처럼 모든 일을 호의적으로 처리하고 싶어한다. 그러나 이들이 다른 이들과 구별되게 갖고 있는 점은 모든 상황에서 늘 신중을 기하고 예의 범절을 지키려고 노력한다는 사실이다. 그러나 다른 이들은 웃으면서 기분 좋게 곤경에서 빠져 나올 때도 있지만 때로는 정반대의 상황으로 몰고 가는 경우도 종종 있다. 이처럼 사람의 기분이라 하는 것은 어떤 마음을 갖느냐에 따라 매우 다른 결과를 만들어 낼 수 있는 것이다.

그라시앙, 〈조신〉

♥

인간의 변덕스러운 기분은 운명의 여신보다도 더 변덕스러운 것이다.

라 로슈푸코, 〈잠언집〉

♥

우리가 괴상히 여기는 어떤 장소가 다른 이들에게는 이 곳에서 살았으면 하는 생각이 들 정도로 마음에 드는 장소가 될 수도 있다. 이는 사람들의 마음이나 기분, 열정, 기호, 감정에 따라 그 장소에 대한 견해가 달라질 수 있기 때문이다.

라 브뤼에르, 〈인물론〉

♥

타인에게 피해를 입히는 터무니없는 결과를 만들어 내지 않는 가장 훌륭한 삶의 방식은 우리 자신을 웃음거리로 만들지 않도록 예방하는 것이다. 우리가 우리 자신을 비웃지 않는데 그 누가 우리를 웃음거리로 만들 수 있겠는가!

세네카, 〈현인의 의연함〉

♥

절제 있고 온화함을 가진 훌륭한 품성의 소유자는 궁핍한 생활 속에서도 만족을 느낄 줄 알지만 탐욕스럽고 샘 많고 사악한 품성의 소유자는 부유한 생활 속에서도 결코 만족할 줄 모르는 법이다. 그러나 고차원적인 정신을 소유한 비범하고 확고부동한 인간은 세상 사람들이 일반적으로 열망하는 대부분의 쾌락적인 것들 없이도 잘 살아간다. 게다가 그는 향락적인 것들을 거추장스럽고 짐스럽게 여기기까지 한다.

쇼펜하우어, 〈지혜로운 삶에 대한 격언〉

♥

참을성 없는 인간의 기분은 늘 그가 불안하게 서 있는 상태에서 만들어지는 것이다. 그러니 그의 진정한 기분을 알고 싶거든 우선 그에게 앉을 의자를 제공해 주어야 할 것이다.

알랭, 〈행복에 대하여〉

♥

단 한 번의 미소는 대수롭지 않아 보이고 우리의 기분에도 별 효과를 주지 못할 것이라고 생각하기 쉽다. 그러나 사실은 전혀 그렇지 않다. 타인이 우리에게 보내는 미소 띤 인사는 우리의 미소를 자아내고 우리도 인사를 하게 만든다. 이처럼 미소는 커다란 영향을 미치는 것이다.

알랭, 〈행복에 대하여〉

♥

겸손과 중용

겸손은 그림을 그릴 때 인물 얼굴에 주는 음영과 같이 우리 인간의 삶에서도 없어서는 안 될 매우 중요한 덕목이다.

라 브뤼에르, 〈인물론〉

성실한 사람은 자신에게 주어진 일을 행복하게 여기며, 칭찬의 말에 현혹되지 않는다. 가끔씩 자신을 좋지 않게 평가하거나 인정해 주지 않아도 이에 결코 동요되는 법이 없다.

라 브뤼에르, 〈인물론〉

만약, 당신이 능력 밖의 일을 맡게 된다 하더라도 비참한 기분을 가질 필요는 없을 것이다. 남이 할 수 없는 일을 당신이 대신 해줘야 할 때도 많을 것이다.

에픽테토스, 〈에픽테토스 개론〉

♥

대화를 할 때 도를 넘어선 이야기를 해서는 안 될 것이다. 이는 매우 위험한 일이다. 당신이 겪은 위험한 일에 대해 말하는 것이 당신에겐 유쾌한 일이 될 수도 있겠지만 타인에겐 당신의 이야기를 들어주는 일이 그리 유쾌한 일이 아닐 수도 있다.

에픽테토스, 〈에픽테토스 개론〉

우리가 넘어지는 것은 다리의 잘못이 아니다.

중국 격언

♥

잘못은 한번 감추면 계속 감추게 되어 있다.

중국 격언

♥

마음의 문을 닫아버린 이는 사막의 외진 곳에 사는 이보다 더한 외로움을 겪게 될 것이다.

중국 격언

♥

한 과부에게 매일 달걀을 한 알씩 낳아주는 닭이 한 마리 있었다. 모이를 두 배로 주면 하루에 두 개의 달걀을 낳을 거란 생각에 과부는 닭에게 모이를 더 많이 주었다. 그러나 닭은 하루에 달걀을 두 알씩 낳기는커녕 너무 뚱뚱해져 평소처럼 한 알씩도 낳지 못하게 되었다.
자신이 갖고 있는 것에 만족하지 못하고 더 많은 것을 탐내는 자는 자신이 갖고 있는 것조차 잃어버릴 수 있음을 알아야 한다.

이솝 우화

♥

토끼와 거북이가 서로 누가 빠른지에 대해 논쟁을 벌였다. 그들은 결국 경주를 할 날짜와 장소를 정하고 헤어졌다. 드디어 경주를 하는 날이 다가왔다. 자신의 타고난 달리기 솜씨에 의기양양해 있던 토끼는 경주에서 이길 것을 확신하고 경주 중에 낮잠을 즐겼다. 그러나 선천적으로 자신이 느림보라는 사실을 알고 있던 거북이는 열심히 최선을 다하여 잠들어 있는 토끼보다 앞서게 되어 결국 경기에서 승리하게 되었다. 우리에게 너무도 익숙한 이 우화는 노력하는 자가 타고난 소질을 믿고 태만한 자를 이길 수 있다는 교훈을 보여주고 있다

이솝 우화

♥

"너무 과한 것은 아예 없는 것만 못하다." 현명한 사람은 이 말에 숨어 있는 지혜로운 교훈을 이해할 수 있을 것이다. 너무 과한 정의로움은 부당함만 못한 것이다. 오렌지를 너무 꽉 짜면 주스에서 쓴맛이 나는 법이다. 쾌락도 마찬가지이다. 너무 극도에 달한 쾌락은 해로운 법이다. 너무 정제된 마음은 지쳐버리게 되어 있다. 또, 소에게서 무리하게 우유를 많이 짜내면 피를 보게 되는 법이다.

그라시앙, 〈조신〉

♥

나는 성실한 사람들에 대한 가치를 끊임없이 쉬지 않고 떨어뜨리는 인간들을 보아 왔다. 그들은 쉬면서도 저명한 인사들을 헐뜯는 경향이 있다.

샹포르, 〈격언과 고찰〉

♥

현인은 황금으로 만들어진 칼을 허리에 차지 않는 법이다.

유-호

♥

당신이 지금 과자를 먹을 수 없다고 하여 그것을 먹고 있는 이에게 남겨놓으라고 할 수는 없는 법이다.

중국 격언

♥

상승 욕구가 한도 끝도 없는 자는 정상이 아니다.

중국 격언

절제라 하는 것은 행복을 갈망하는 이들이 빠지기 쉬운 욕망이나 멸시감에 대한 염려에서 생겨나는 감정이다. 우리의 마음속에 자리잡기 쉬운 헛된 허영심에 대한 걱정 말이다. 따라서, 인간의 상승 욕구를 절제하는 것은 그들이 바라는 출세보다도 더 중요시 여겨야 하는 감정이라 할 수 있을 것이다.

라 로슈푸코, 〈잠언집〉

♥

자신이 세상 사람 없이도 혼자서 꿋꿋이 잘 살아갈 수 있을 것이라고 생각하는 이는 크게 잘못 생각하고 있는 사람이다. 그러나 세상 사람들이 자신 없이는 못 살 거라고 생각하는 이는 더 큰 착각에 빠져 살고 있는 사람이다.

라 로슈푸코, 〈잠언집〉

♥

신중하고 훌륭하고 정의로운 방식으로 인생을 살아가지 않는 인간은 결코 행복해질 수 없다.

에피쿠로스, 〈바티칸 궁의 격언〉

♥

행복을 추구하지 않는 자가 불행한 사람이라고 생각하는가? 결코 그렇지 않다. 행복을 유발하는 수많은 요인들은 행복보다도 더 큰 혼란을 야기하는 것이기에.

에피쿠로스, 〈잠언집〉

♥

우리 인간이 가지고 있는 가장 큰 장점은 기쁨을 느낄 줄 안다는 것이다.

보브나르그, 〈잠언집〉

♥

우리의 인생에서 기쁨을 누리는 순간은 짧지만, 그래서 우리를 더욱 아쉽게 만들지만, 그러기에 우리가 느끼는 행복감이 더 큰 것이 아닐까?

그라시앙, 〈조신〉

♥

생각을 하는 시간이 많으면 많을수록, 지적인 수준도 높게 되어 있다. 우리의 마음은 얼마나 많이 생각하느냐에 따라 틀을 갖추어 가는 것이기에. 그러니 늘 다음과 같은 생각으로 마음을 가꾸어가기 바란다. 인생은 살아볼 만한 것이라고. 또한 행복하게 가꾸어 볼 만한 것이라고.

마르쿠스 아우렐리우스, 〈명상록〉

열렬히 갈구하는 행복한 일들은 수없이 많다. 그리고 바라는 일을 상상하는 것만으로도 우리는 황홀감에 빠지게 된다. 그러나 막상 원하던 일이 실제로 일어나면 마음이 차분해지는 것 이외에는 우리가 그토록 열망하던 순간의 황홀한 기분은 느끼지 못하게 된다.

라 브뤼에르, 〈인물론〉

♥

자유롭다는 말은 한가하다는 말을 뜻하는 것이 아니다. 그것은 우리가 해야 할 일의 시간을 잘 선택하여 여유롭게 잘 활용할 수 있다는 것을 의미한다. 자유롭다는 말은 한마디로 말해서 할 일이 하나도 없어서 몸이 자유롭다는 것이 아니라 우리가 해야 할 일과 할 필요가 없는 일을 적절히 잘 조절하여 일을 처리한다는 것을 의미한다. 이런 의미를 갖고 있는 자유롭다는 말은 얼마나 좋은 의미의 말인가!

라 브뤼에르, 〈인물론〉

♥

기쁨은 때로 우리에게 힘든 인생도 살아볼 만한 것임을 느끼게 해주는 것이기에 우리에게 없어서는 안 될 매우 중요한 감정이다. 그러나 이 세상에서 기쁨만큼 식상한 것도 없을 것이다.
오스카 와일드, 〈잠언집〉

♥

인생은 꼭두각시 조종자처럼 우리가 우리의 그림자를 조종하는 한편의 드라마 같은 것이다. 우리는 인생에서 행복을 원한다. 그리고 인생은 행복을 주는 대가로 우리에게 고통과 실망감을 안겨준다. 우리는 인생 길 위에 펼쳐진 비극적인 상황 속에서 고귀한 슬픔을 맛보게 된다. 그러나 이는 한밤중의 향기로운 적막감 속에서, 혹은 바람이 부는 음산한 여명 앞에서 이내 모습을 감춰 버린다. 그리고 그 뒤로 우리가 그토록 열망하는 황금 빛 세상이 다시 펼쳐져 있는 것을 볼 수 있을 것이다.
오스카 와일드, 〈잠언집〉

♥

인간은 결코 자신을 낮추면서까지 남을 추켜세우지 않는다.
맹자

♥

남이 알까봐 두려운 일을 하고서 걱정을 하는 것보다는 아예 걱정할 일을 하지 않는 것이 훨씬 현명한 행동이다.
중국 격언

♥

관 뚜껑이 일단 한번 닫히고 나면, 한 사람에 대한 판결은 끝이 나는 것이다.
중국 격언

우리에게 기쁨을 안겨주는 것을 추구하고 이를 누리는 것도 중요하지만, 때로는 한 발자국 물러나 살아가는 삶의 자세도 필요할 것이다.

크리스틴 드 스웨드, 〈잠언집〉

♥

쾌락에 너무 열중하는 이는 이에 싫증을 느끼게 되어 있다.

크리스틴 드 스웨드, 〈잠언집〉

♥

행복한 순간이 너무 오래 지속되다 보면 행복하다는 사실조차도 망각하게 된다.

크리스틴 드 스웨드, 〈잠언집〉

♥

힘든 일이 쾌락보다 우리를 덜 지루하게 한다.

크리스틴 드 스웨드, 〈잠언집〉

♥

인간은 사라지는 것들을 외경시 여기고 불멸의 것들을 갈망하는 경향이 있다.

라 로슈푸코, 〈잠언집〉

♥

모든 것을 자신의 이익과 돈으로 환산해보는 한 구두쇠가 금괴를 하나 사서 성벽 앞에다 묻어 두고 계속해서 이를 감시하러 다녔다. 그런데 부근에서 일을 하던 한 일꾼이 분주히 왔다갔다하는 구두쇠를 보고는 그가 무엇인가를 그 곳에 숨겨둔 사실을 눈치 채게 되었다. 그리하여 그 일꾼은 구두쇠가 감시하러 왔다가 가기를 기다리고 있다가 금괴를 훔쳐 달아나 버렸다. 잠시 후, 자신의 금괴를 또다시 확인하러 온 구두쇠는 누군가가 금괴를 훔쳐간 사실을 알게 되었다. 그는 오열을 터뜨리며 안절부절못했다. 지나가다가 비탄에 잠겨 있는 그를 본 한 사람이 무슨 일로 그리 슬퍼하느냐고 물었다. 연유를 알게 된 그는 구두쇠에게 다음과 같이 말했다. "자, 이보시오, 그만 낙담하고 조약돌이나 하나 주워 그것을 당신이 금괴를 묻어두었던 곳에 숨겨두고는 그것이 당신이 갖고 있던 금이라고 생각하는 것이 훨씬 나을 것이오. 어차피 쓰지도 않을 물건인데 그렇게 시간을 허비하고 있을 일이 뭐가 있겠소?"
이 이야기는 쓰지 않는 물건은 가지고 있어도 무용지물이라는 교훈을 우리에게 보여주고 있다.

이솝 우화

♥

예의에 대하여

예절은 받는 사람보다 쓰는 사람을 더 부유하게 해주는 돈과 같은 존재이다.

페르시아 격언

공손함이 늘 호의와 공정함, 배려심이나 감사의 뜻을 나타내는 것은 아니다. 어떤 이들은 자신의 마음이 그렇다는 것을 보여주기 위한 겉치레로 공손하기 때문이다. 따라서 공손함은 의례적인 관습에 지나지 않을 때가 많다. 또한 때와 장소, 사람, 성 등에 따른 매우 다양한 상황과 밀접한 관계를 가지고 있다. 따라서 공손한 행위를 한 사람의 마음을 짐작하기란 매우 어려운 일이다. 단지 다른 사람이 그렇게 하니까 이를 따라 자신도 공손한 태도에 익숙해지려고 그런 것일 수도 있기 때문이다. 공손함이 몸에 밴 사람이 있을 수도 있고 이를 자신의 훌륭한 수완이나 확고한 덕행에 이용하는 이도 있을 것이다. 실제로 예절 바른 태도는 모든 이에게 호감을 주어 유쾌한 상황을 이끌어 낸다. 따라서 천성적으로 공손하지 못하면서 자신의 사상을 다른 사람들이 받아들이도록 하기 위해선 매우 탁월한 자질을 갖춘 사람이어야 할 것이다.

공손함은 우리가 타인을 대할 때 행하는 말이나 태도에 각별한 주의를 요하는 것이긴 하지만 우리 자신과 타인 모두에게 매우 만족스러운 감정을 불러일으키게 해주는 것이기에 매우 중요한 삶의 방식이라 할 수 있을 것이다.

라 브뤼에르, 〈인물론〉

공손함은 인간이 기본적으로 갖추고 있는 정신적, 도의적인 면의 부족한 부분을 눈에 띄지 않도록 하고 서로를 비난하지 않기 위해 암암리에 약속한 관례적인 것이다. 때문에 당사자들 간에만 존재하는 이러한 관례적인 행위는 우리의 눈에 쉽게 드러나지 않는 것이다. 공손함이 신중함에서 나오는 행위라면 무례함은 어리석은 생각에서 기인한 행위라 할 수 있을 것이다. 무례한 행동으로 필요 없이 자진해서 적을 만드는 것은 자신의 집에 불을 지르는 것이나 다름없다. 공손함은 동전으로 말하면 위조 지폐와 같은 것이기에 이를 아껴 쓰는 사람은 정신이 이상한 이라 할 수 있을 것이다. 반대로 이를 후하게 쓰는 것이 정상적인 이의 행동이라 할 수 있을 것이다.

쇼펜하우어, 〈지혜로운 삶에 대한 격언〉

♥

타인에게 인사를 할 때는 되도록 정중하게 하도록 하라.

중국 격언

♥

마음에 공손함이 깃들어 있는 이의 얼굴에는 늘 기품이 가득하다.

볼테르의 시 중에서

♥

신중함에 대하여

위험한 생각에 빠져 갈피를 잡지 못해 허우적대지 말고 한 발 앞으로 나아가 좀더 성숙한 생각으로 우리에게 일어날 수 있는 모든 힘든 일에 대해 대비해야 할 것이다.

그라시앙, 〈조신〉

♥

일에 대한 열정이 너무 앞서면 신중함이 결여된 행동을 하기 쉽기에 매우 위험한 단계로 발전할 수 있다. 이러한 상황에서는 위험한 일도 눈에 잘 보이지 않기 때문에 인간은 한 순간에 흥분에 휩싸이기 쉽다. 때로는 한 순간의 무모한 행동으로 평생 후회할 일을 만들 수도 있다는 사실을 잊어서는 안 될 것이다.

그라시앙, 〈조신〉

♥

생쥐는 결코 단 하나의 구멍에 자신의 운명을 걸지 않는다.

라틴 격언

♥

여우가 우물에 빠져 매우 곤혹스러워 하고 있었다. 그때 목마른 염소 한 마리가 우물 가까이로 다가왔다. 염소는 우물 속에 있는 여우를 보고 물이 얼마나 맛있으면 그곳에 들어가 있냐고 물었다. 그러자 곤란에 빠져 있던 여우는 매우 행복한 척하며 우물에 있는 물이 아주 시원하고 맛있다며 물에 대한 찬사를 쉬지 않고 오랫동안 해 댔다. 염소를 우물 속으로 들어오게 하려는 속셈이었다.

여우의 말을 곧이곧대로 믿은 염소는 더 생각해 보지도 않고 우물 속으로 뛰어들어갔다. 갈증을 해소한 염소는 그제서야 자신이 여우와 마찬가지로 우물에서 빠져나가지 못하게 되었다는 사실을 깨닫고는 여우와 함께 우물에서 빠져나갈 방법을 모색하기 시작했다.

갑자기 여우가 염소에게 둘 다 살아나갈 수 있는 아주 좋은 아이디어가 떠올랐다며 다음과 같은 제안을 해왔다. "네가 두 앞발을 우물 벽에 걸쳐놓고 뿔을 밑으로 향하게 하면 내가 네 등위로 타고 올라간 다음 너를 위로 끌어올려 줄게." 이 말을 그대로 믿은 순진한 염소는 여우가 하자는 대로 했다. 그리하여 여우는 염소의 등과 뿔을 타고 세 번 만에 껑충껑충 뛰어올라 우물 밖으로 나올 수 있었다.

그러나 막상 밖으로 나오게 된 여우가 염소를 거들떠보지도 않고 도망을 치려하자 염소는 약속을 지키지 않는다며 여우를 비난하기 시작했다. 그러자 여우가 다시 돌아와 이렇게 말했다. "이봐! 네가 네 턱에 난 수염만큼이라도 머리가 있는 짐승이었다면 우물 안으로 뛰어내려오기 전에 먼저 어떻게 다시 올라올 것인가를 생각하고 내려왔어야 할 거야!" 인간도 마찬가지이다. 지각이 있는 사람이라면 어떤 일에 착수할 때 무작정 뛰어들지 말고 신중히 검토한 후 그 일을 시작해야 할 것이다.

이솝 우화

이 세상에는 친구가 너무 많지 않은 편이 더 유리합니다. 알게 된 지 얼마 되지도 않은 이들에게 마음을 열어 보이지 마십시오. 그의 팔에 기대어 쉬어도 괜찮을 사람인지 신중히 생각해 보고 사람을 믿는 습관을 익혀야 할 것입니다.

카암, 〈4행시〉

늘 신중하십시오, 우리의 미래는 매우 불확실한 것입니다.
늘 조심하십시오, 운명의 칼날은 매우 날카로운 것입니다.
만일 운명이 당신의 입에 단맛이 나는 편도를 넣어주거든 이를 삼키면 안 될 것입니다. 그 편도 안에는 독이 들어 있을 테니까요.

카암, 〈4행시〉

♥

생각 없이 말을 너무 많이 하는 자는 타인에게 설득 당하여 패배를 인정해야 할 가능성이 많은 사람이다.

그라시앙, 〈조신〉

모든 상황은 있는 그대로 받아들여지는 것이 아니라 그 상황을 우리가 의도한 바대로 받아들여지게 만드는 것이다. 따라서 어떠한 상황으로 끌고 갈지 정하고 이를 제시할 줄 아는 것은 그 상황을 두 배로 파악하고 있다는 것을 의미하는 것이다.

그라시앙, 〈조신〉

♥

사람들이 배에 올라타 돛을 달았다. 그리고 먼 바다로 나아가자 거대한 폭풍우가 몰아쳐 배가 침몰될 것 같았다. 승객 중에 어떤 이는 돛에다 자신의 옷을 꽉 졸라매었고 어떤 이들은 큰소리로 자신의 위험을 한탄하며 살아남게만 해준다면 은혜를 꼭 갚겠다며 신께 기도를 했다. 막상 폭풍우가 멎고 바다가 고요해지자, 승객들은 갑자기 들이닥쳤던 불행에서 벗어나 화기애애해져 춤을 덩실덩실 추며 방방 뛰었다. 그러자 매우 강인한 성격의 조종사가 다음과 같이 말했다. "이보게들, 지금은 우리 모두가 기뻐할 상황이긴 하지만 또다시 폭풍우가 들이닥칠지도 모른다는 것을 염두에 두어야 할 것이네."

이 이야기는 자신의 운이 특별하게 되기만을 기대하는 어리석은 생각을 하지 말고 늘 변덕스러운 운명에 대해 심사숙고해 볼 필요가 있다는 교훈을 주고 있다.

이솝 우화

건강에 대하여

건강은 그 무엇보다도 행복에 가장 선행되어야 할 기본 조건이다. 건강한 거지가 병든 왕보다 훨씬 행복한 법이기에.

쇼펜하우어, 〈지혜로운 삶에 대한 격언〉

경제적인 부가 우리를 행복하게 해주지는 못한다. 우리에게 행복을 가져다주는 가장 중요한 요인은 우리의 건강이다. 하위 부류에 속하는 사람들, 그 중에서도 노동자들, 그들 중에서도 특히 땅에서 일하는 사람들의 얼굴에는 늘 밝고 만족스런 표정이 깃들어 있다. 그러나 부유한 사람들이나 고위층에 있는 사람들의 얼굴에는 늘 슬픔이 드리워져 있다. 따라서 우리의 행복을 위하여 무엇보다도 중요한 일은 건강한 상태를 유지하도록 전념하는 일일 것이다. 이를 위해서 우리는 무절제하거나 방탕한 생활을 하거나 과격하고 견디기 힘든 감정으로 인해 지나친 긴장 상태를 과도하게 유지하는 것을 피해야 할 것이다. 또한 매일 적어도 두 시간은 야외에서 조깅을 하고 찬물로 자주 샤워하고 음식물도 골고루 섭취해야 할 것이다. 건강을 유지하기 위해선 매일 충분한 운동을 해주는 것 이상의 좋은 방법이 없다. 살아가는 데 필요한 모든 기능이 적절히 잘 이행되기 위해선 이를 이루는 기본 요소가 잘 갖추어져야 하는 것이다. 아리스토텔레스가 다음과 같은 말을 남긴 바 있다. "인생은 끊임없는 운동 속에서 이루어지는 것이다."

쇼펜하우어, 〈지혜로운 삶에 대한 격언〉

일반적으로, 우리의 행복을 이루는 요소 중에서 90프로는 건강에 근거한 것이다. 건강해야만 모든 일에 행복을 느낄 수 있기 때문이다. 그러나 건강하지 못한 상태에서 우리는 있는 그대로의 행복감을 제대로 맛볼 수 없다. 타인들에게 가지고 있던 개인적인 호감도 병중에 있을 때는 감소되기 마련이다. 우리가 평소에도 이유 없이 서로의 건강 상태를 묻거나 건강하기를 바라는 것은 바로 건강이 인간의 행복에 가장 근본을 이루는 요소이기 때문이다. 따라서 부나 일, 공부, 영광, 특히 쾌락이나 순간적인 기쁨을 위해 자신의 건강을 희생한다는 것은 미친 짓이나 다름없는 것이다. 이 모든 것은 건강이 뒷받침되지 못하면 아무 소용이 없는 것이기에.

쇼펜하우어, 〈지혜로운 삶에 대한 격언〉

우리의 몸이 전체적으로 양호할 때 입은 작은 상처는 그것이 아무리 미약한 것이라 할지라도 온 신경을 그쪽으로 몰리게 하여 다른 생각을 할 수 없게 한다. 그리하여 우리가 느끼던 행복감도 줄게 되는 것이다. 마찬가지로 우리와 관련된 모든 일이 우리의 의지대로 술술 잘 풀려갈 때, 단 한 번이라도 바라는 대로 되지 않는 일이 생기면 우리는 별로 대수롭지도 않은 그 일에 온 신경이 집중되어 우리가 해야 할 더 중요한 일이 생겨도 관심이 그쪽으로 좀처럼 가지 않게 된다. 이 두 경우 모두 우리의 의사가 침해당한 상태를 보여준다.
첫 번째의 경우는 우리의 신체에서, 그리고 두 번째 경우에는 인간의 마음에서.

쇼펜하우어, 〈지혜로운 삶에 대한 격언〉

건강한 이는 실제 나이보다 젊어 보이지만 몸이 아픈 이는 실제 나이보다 늙어 보이게 마련이다.

크리스틴 드 스웨드, 〈잠언집〉

정신과 육체가 모두 건강한 자가 진정 건강한 자이다. 이 중에 하나라도 부실한 사람은 정말로 건강한 자가 아니다.

크리스틴 드 스웨드, 〈잠언집〉

♥

정신과 육체가 모두 건강하지 못한 이의 인생은 불행할 수밖에 없다.

크리스틴 드 스웨드, 〈잠언집〉

♥

병은 육체를 구속할 수는 있어도 의지는 구속할 수 없다. 다리를 절뚝거리며 걷는 것은 다리의 장애이지 우리 의지의 장애가 아닌 것이다. 사고를 당했을 때마다 이 사실을 늘 염두에 두도록 하라. 그러면 이러한 장애가 별로 대수롭지 않은 일이 될 수 있을 것이다.

에픽테토스, 〈에픽테토스 개론〉

♥

사고를 당한 사람에게 가장 큰 행복은 사고를 당하기 전날, 평범한 삶을 살던 때로 돌아가는 것일 것이다. 그러니 늘 조심스럽게 행동하며 다녀야 할 것이다.

알랭, 〈행복에 대하여〉

♥

두뇌가 원활히 돌아가려면 원기를 회복할 수 있을 정도의 충분한 수면이 필요하다. 시계가 멈추지 않고 잘 가려면 반드시 태엽을 감아 주어야 하는 것처럼 인간의 전체적인 구조도 이와 다를 게 하나도 없다.

쇼펜하우어, 〈지혜로운 삶에 대한 격언〉

♥

지혜로움에 대하여

현명한 사람은 아무리 자신이 궁핍해도 남에게 구걸하지 않으며 자신이 가지고 있는 한도 내에서 이를 해결하려 한다. 스스로 가지고 있는 것에 만족할 줄 아는 자의 이러한 모습은 얼마나 훌륭한 것인가!

에피쿠로스, 〈바티칸 궁의 격언〉

다른 사람들의 인생과 비교해 보면, 에피쿠로스의 인생은 존경받을 만한 것이라 할 수 있을 것이다. 그가 우리에게 늘 이야기하는 것처럼 자기 자신에게 만족할 줄 아는 사람이었기에.

에피쿠로스, 〈바티칸 궁의 격언〉

어떤 일에 대해 초조해 하는 것은 당신에게 일어나는 모든 일이 보편적인 자연 현상에 따라 이루어지는 것이라는 사실을 망각하고 있음을 의미한다. 실수를 범하는 것은 당신의 잘못에 기인한 것이 아니다. 당신에게 일어나는 모든 일은 자연의 섭리에 의한 것이다. 이때까지 그래왔고 앞으로도 그럴 것이며 지금 이 순간조차도 당신 주위에서 일어나고 있는 일은 모두 그러한 것들이다.

마르쿠스 아우렐리우스, 〈명상록〉

당신에게 일어나는 일은 모두 정해진 틀에 의한 것이란 사실을 잊지 말라. 세심히 관찰해 보면 이 사실을 알아차릴 수 있을 것이다. 그렇다고 해서 모든 일이 모든 사람들에게 똑같이 일관성 있게 일어난다는 것을 말하는 것은 아니다. 나름대로의 이유가 작용한다. 사람에게 일거리를 줄 때 각자의 재능에 맞게 주는 것처럼 말이다. 따라서, 어떤 일에 착수하기 전에 늘 이런 생각에 따라 행동하도록 각별히 주의해야 할 것이다. 이는 행복에 이르는 매우 중요한 구성 요소에 속하는 행동이다. 그러니 모든 일을 할 때 늘 이러한 원칙이 작용한다는 사실을 잊지 말아야 할 것이다.

마르쿠스 아우렐리우스, 〈명상록〉

인생을 살아가면서 주위에 있는 수많은 이들이 당신에게 큰소리로 비난을 퍼붓도록 부추기거나 당신이 주위에 쌓아놓은 것들을 갈갈이 찢어놓으려 한다 할지라도 이에 동요되지 않고 늘 평온함으로 충만한 인생을 살아가야 할 것이다. 그 누가 당신의 평화로운 정신 상태를 방해할 수 있겠는가? 또, 당신 주위에 일어나는 일에 대한 진실을 규명하려는 당신의 생각을 그 누가 막을 수 있겠는가?

마르쿠스 아우렐리우스, 〈명상록〉

우리 인간은 자신의 행복에 불만족스러워하며 타인의 행복만을 부러워하는 경향이 있다. 오늘날의 사람들은 지난날을 그리워한다. 그리고 현재 자신의 위치에 만족하지 못하고 다른 위치에 있는 이들을 부러워한다. 지나간 모든 과거를 더 좋아하고 자신에게 멀리 떨어져 있는 것들을 탐낸다. 그리하여 자신이 가지고 있는 모든 것을 우습게 여기는 자의 인생은 늘 짜증스럽고 슬플 수밖에 없는 것이다.

그라시앙, 〈조신〉

상처 입힐 수 없다는 말은 결코 공격을 당하지 않는다는 것을 의미하는 말이 아니다. 또한 상처를 입을 수 없다는 것을 뜻하는 것도 아니다. 이는 현명한 이의 특징을 나타내는 말이다.

세네카, 〈현인의 의연함〉

♥

현인은 육상 선수와 비슷한 면을 많이 가지고 있다. 꾸준하고 오랜 훈련 끝에 모든 수많은 도전자들과의 경기를 잘 헤쳐나갈 수 있는 지구력을 키워 나갈 수 있다는 점에서 말이다.

세네카, 〈현인의 의연함〉

♥

여기, 현인의 집이 하나 있다. 화려하거나 시끄럽거나 호화롭지 않은, 아담한……. 그의 집에는 방문객들을 불손하게 맞아들이는, 돈밖에 모르는 문지기는 존재하지 않는다. 그의 집 입구에 지켜서 있는 이는 없지만 그에게 무의미한 재산의 운만은 결코 그 문을 통과하지 못한다. 그 물질적인 풍요로움이 덧없는 것이란 사실을 너무도 잘 알고 있기에.

세네카, 〈현인의 의연함〉

♥

건강한 육체에 건강하고 지혜로운 정신이 자리잡게 되어 있다.

라 로슈푸코, 〈잠언집〉

♥

현명한 사람은 고통도 기쁨도 애써 구하고자 하지 않는다.

아리스토텔레스, 〈윤리학〉

모든 인간 중에 가장 훌륭한 인간은 스스로 지혜로움을 터득하고, 신중함이 어떠한 결과를 이끌어 내는지 예견할 줄 아는 사람이다. 또한 타인의 충고를 새겨들을 줄 아는 사람이다. 그러나 스스로 어떠한 총명함도 지니고 있지 않은 자는 타인의 충고를 마음속에 새겨듣지 않는다. 이러한 류의 인간은 아무 데도 쓸모없는 류의 인간이 되기 쉽다.

헤시오도스, 〈일과 인생〉

♥

자신에게 유익한 책망을 자신의 신뢰를 저버리는 이의 칭찬보다 소중히 할 줄 아는 인간은 거의 없다.

라 로슈푸코, 〈잠언집〉

♥

열정이 없는 인간은 자신이 생각하는 만큼 현명하지 못한 법이다.

라 로슈푸코, 〈잠언집〉

나이가 들어감에 따라 인간은 슬기로워지는 법이다.

라 로슈푸코, 〈잠언집〉

♥

무분별한 사람은 인생의 쾌락만을 열심히 쫓아다니다가 마침내 환멸감을 느끼게 된다. 그러나 현명한 사람은 아예 처음부터 이러한 쾌락을 멀리한다.

쇼펜하우어, 〈지혜로운 삶에 대한 격언〉

♥

현인은 자신의 야심을 야심으로 치유한다. 그는 보통 사람들이 귀중한 것으로 여기는 부귀영화나 명예로 충족될 수 없는 매우 원대한 꿈을 꾼다. 보통 인간들이 갈망하는 졸렬한 이점들은 그의 관심을 조금도 끌지 못한다. 현인의 마음을 끄는 유일한 대상은 완전무결한 미덕에서 생겨나는 자긍심이다. 그러나 보통 인간들은 이에 대해 별 관심도 가지지 못하고 살아가는 경우가 많다.

라 브뤼에르, 〈인물론〉

♥

현명한 인간은 자신을 다스리려 하지 않는다. 또한 타인을 다스리려 하지도 않는다. 그는 그의 이성에 따라 행동할 뿐이다.

라 브뤼에르, 〈인물론〉

♥

현명한 사람은 과거와 미래라는 두 주축에서 자신의 행동을 이끌어 나간다. 기억력이 좋은 그는 과거에 범한 자신의 과오를 또다시 반복하지 않도록 늘 신중을 기한다.

라 브뤼에르, 〈인물론〉

♥

과거에 타인들에게 범했던 과오를 인정하지 않았던 수많은 사람들도 현재 눈을 감고 자신의 과오를 반성한다면 현명한 사람이 될 수 있을 것이다. 타인들이 우리에게 아첨하는 것은 그들이 우리를 아끼는 마음에서 우러나오는 행위가 아니기에 우리에게 해를 끼치는 결과를 가져오는 경우가 많다. 그 누가 서로에 대한 진실을 순순히 말해 주겠는가? 또, 그 누가 아첨꾼들의 무리 속에서 남보다 한 술 더 뜨는 아첨을 하지 않을 수 있겠는가?

세네카, 〈마음의 평온함에 대하여〉

♥

자신에게 현실 불가능한 것을 추구하느라고 현재 가지고 있는 것까지 잃어버리는 과오를 범해서는 안 될 것이다. 이보다는 좀더 바람직하고 가능성 있는 것들을 추구하도록 심사숙고해야 할 것이다.

에피쿠로스, 〈바티칸 궁의 격언〉

우리 모두는 자신에게 주어진 나쁜 운보다 좋은 운을 소중히 간직하도록 노력해야 할 것이다.

라 로슈푸코, 〈잠언집〉

칼을 뽑아 물줄기를 자르는 행위는 무의미한 일이다. 아무리 반복하여 그 물줄기를 잘라도 물은 계속해서 흐르게 되어 있는 것이기에.

리 포

자신이 가지고 있는 것에 스스로 만족할 줄 아는 자는 행복한 자이다. 또, 스스로의 쾌락을 위해선 세상 사람들에게 거의, 혹은 아무 것도 바라지 않는 자 또한 행복한 자이다. 타인에게 뭔가를 받은 자는 반드시 그에 대한 비싼 대가를 치르게 되어, 자신을 구속하는 매우 위험한 결과를 낳게 된다. 그리하여 늘 귀찮은 일에 빠지게 된다. 따라서 우리는 일반적 견지에서 타인이나 그 밖의 것에게 대단한 뭔가를 기대하는 어리석은 생각을 가져서는 결코 안 될 것이다. 한 개인이 다른 한 개인을 위해 해줄 수 있는 일은 매우 한정되어 있다. 따라서, 우리 각자는 남에게 의지하지 않고 혼자의 힘으로 인생을 살아가는 데 익숙해져야 할 것이다.

쇼펜하우어, 〈지혜로운 삶에 대한 격언〉

마음의 고요와 평화는 건강한 육체와 스스로 만족할 줄 아는 정신, 즉 명석하고 날카로운 이성과 정의로움을 따르는, 절제 있고 조용한 의지, 이 모든 것의 결과에 따라 갖춰질 수 있는 것이다. 이는 그 어떠한 부나 명예와도 바꿀 수 없는, 우리에게 매우 중요한 사항일 것이다.

쇼펜하우어, 〈지혜로운 삶에 대한 격언〉

아무리 먼 길이라 해도 서두르지 않고 천천히 걸어가면 이르지 못할 길이 없듯이, 아무리 멀리 있는 성공의 길도 인내심을 가지고 준비해 가면 이를 수 있는 법이다.

라 브뤼에르, 〈인물론〉

♥

현실적으로, 우리에게 일어나는 일 중에서 중요하지 않은 일은 하나도 없다.

오스카 와일드, 〈잠언집〉

♥

신이 우리에게 준 가장 큰 선물은 우리가 갖고 있는 정념이나 단점을 스스로 극복하여 이를 우리의 장점이나 재능, 덕으로 바꿀 수 있도록 하는 이성을 주었다는 것이다.

샹포르, 〈격언과 고찰〉

♥

침묵에 대하여

침묵은 결코 신뢰를 저버리지 않는 유일한 벗이다.
중국 격언

♥

침묵은 자기 자신을 믿지 못하는 자의 가장 확실한 해결책이다.
라 로슈푸코, 〈잠언집〉

♥

반드시 지켜야 할 비밀은 침묵으로 일관해야 할 것이다.
중국 격언

♥

늘 침묵을 유지하라. 그리고 꼭 필요한 말만 되도록 짧게 하라. 부득이 꼭 말해야 할 경우가 생길 때만 말을 하되, 근거가 없는 말을 해서는 결코 안 될 것이다. 검투사의 시합이나 시끄러운 경기, 육상 경기자, 먹을 것, 마실 것 등에 관한 지극히 평범한 대화는 하지 말라. 특히 사람에 대한 대화를 절대로 해서는 안 될 것이다. 그 중에서도, 남을 비난하거나 칭찬하거나 비교하는 말을 해서는 결코 안 될 것이다.
에픽테토스, 〈에픽테토스 개론〉

♥

말을 해야 할 때와 하지 말아야 할 때를 제대로 판단하지 못하는 자보다 불행한 자가 또 있겠는가. 이러한 사람은 늘 무례한 행동을 일삼는다.

라 브뤼에르, 〈인물론〉

♥

사람들은 말을 아끼지 않고 너무 많이 하는 경향이 있다. 진부하고 통속적인 격언을 모르는 사람은 없다. 단지 이를 실행에 옮기지 못할 뿐이다.

라 브뤼에르, 〈인물론〉

♥

침묵은 위대한 것이다. 그 밖에 존재하는 것들은 하찮은 것에 지나지 않는다.

비니, 〈운명론〉

♥

진실함에 대하여

군주에게 충실한 자는 노예의 대열에서 해방된다. 그러나 군주에게 늘 아첨만 하는 무리들은 현재 군림하는 동향의 희생자가 되어 새 왕의 즉위가 임박해 오면 격동에 휘말려 군주를 배신하게 되는 반면, 군주를 존경하면서도 늘 진실을 당당히 말할 줄 아는 자는 이에 흔들리지 않고 영원히 변하지 않는 충직한 모습을 보여준다.

몽테스키외, 〈진실함에 대한 찬사〉

늘 자신의 평판과 덕행을 염려해 주는 충성스러운 신하들로 둘러싸여 있는 군주는 행복한 인생을 보내게 된다. 그러나 늘 자신에게 아첨만 하는 신하들에게 둘러싸여 있는 군주는 불행한 인생을 보내게 된다. 그의 주위에 있는 적들 때문에. 그렇다! 그의 주변에 있는 이들은 모두 그에게 적과 같은 존재들이다. 따라서 우리는 야누스의 이야기가 시사해 주듯, 두 얼굴을 가진 솔직하지 못한 이러한 인간들을 늘 경계해야 할 것이다. 이들은 진실을 똑바로 직시하지 못하게 자욱한 연기로 우리를 뒤덮어 영원한 암흑 속에서 인생을 살아가게 만든다.

몽테스키외, 〈진실함에 대한 찬사〉

말로는 진실을 왜곡할 수 있어도 얼굴 표정만은 진실을 왜곡하지 못하는 법이다.

니체, 〈선악의 피안〉

자신에 대한 말을 많이 하는 자는 자신을 감추는 수단으로 말을 이용할 가능성이 많다.

니체, 〈선악의 피안〉

♥

약간의 솔직함은 매우 위험하다. 그러나 완전히 솔직한 것은 더욱 치명적이다.

오스카 와일드, 〈잠언집〉

♥

우리에게는 진실을 말할 의무는 있어도 모든 진실을 말해야 할 의무는 없다.

크리스틴 드 스웨드, 〈잠언집〉

♥

솔직한 말들에는 품위가 느껴지지 않는 법이다. 마찬가지로 고상한 말에는 진실함이 담겨 있지 않은 법이다.

중국 격언

♥

솔직함이란 마음을 활짝 열어 놓는 것을 의미한다. 그러나 솔직한 이들을 우리가 살아가는 인생에서 만나기는 매우 어려운 일이다. 우리가 평소에 만나는 이들은 자신의 마음을 숨기는 데 숙달되어 있어 타인의 신뢰감까지 얻는 이들이 대부분이기에.

라 로슈푸코, 〈잠언집〉

♥

가장 완벽한 재능은 세상 사람들 앞에서 증거를 남기지 않는 것이다.

라 로슈푸코, 〈잠언집〉

우리가 수치심을 느낀 부분은 거의가 우리 스스로 우리의 평판을 회복시킬 수 있는 것들이다.

라 로슈푸코, 〈잠언집〉

♥

인생을 살아가면서 남이 알까봐 불안해하는 일을 해서는 결코 안 될 것이다.

에피쿠로스, 〈바티칸 궁의 격언〉

♥

감언이라 하는 것은 악덕을 미덕이라고 찬양하는 것을 이른다.

라 로슈푸코, 〈잠언집〉

♥

현실에 대하여

현재는 우리가 열렬히 숭배해야 할 대상이다.

괴테

♥

어제를 돌아보지 말고 오늘에 만족할 줄 알아야 할 것입니다.

카얌, 〈4행시〉

♥

행복은 우리에게 너무도 평범한 현재에 늘 머물러 있는 것이다. 그러니 "나는 이것을 가지고 있습니다. 그리고 저것도 가지고 있습니다. 그리하여 나는 행복합니다"라는 말에 익숙해져야 할 것이다. 또한 "내게는 이것이 없습니다. 그리고 저것도 없습니다. 그렇지만 나는 행복합니다." 라는 말에도 익숙해질 필요가 있다.

지오노, 〈행복의 추구〉

♥

당신을 영원히 살 수 있는 존재라고 여겨라. 그리고 앞으로 살아갈 날이 얼마나 남았는지 생각해 보며 불안해하지 말라. 당신이 언제 생을 마감할지는 아무도 모르는 일이다. 생을 마감하는 순간에 타인들이나 그 밖의 것들의 죽음에 대해 생각해도 결코 늦지 않다. 죽음에 대한 생각으로 불안해하면 할수록 죽음의 날도 그만큼 빨리 다가오게 되어 있다. 그러나 늘 희망적인 생각을 가지고 즐거운 마음으로 인생을 살아간다면 당신의 인생도 그만큼 길어지게 될 것이다.

세네카, 〈짧은 인생에 대하여〉

우리가 쓰는 시간은 급류의 물과 같이 짧은 순간에 사라져 버리는 것이다. 따라서 우리는 계곡의 물과 같은 시간의 가파름이나 계절에 따른 속도에 개의치 않고 되도록 유용하고 신속하게 이용할 수 있어야 할 것이다.

세네카, 〈짧은 인생에 대하여〉

가장 짧고 소란스러운 인생은 과거를 망각하고 현재를 경시하며 미래를 두려워하는 이들의 몫이다. 죽음에 임박해서야 이처럼 불행한 이들은 자신들이 충분히 잘 활용할 수 있던 시간 동안에 해야 할 일을 하나도 하지 못했다는 사실을 인정하고 이를 후회하게 될 것이다.

세네카, 〈짧은 인생에 대하여〉

현재 누리고 있는 시간 중에서, 마지막 순간을 위한 약간의 준비 기간은 한쪽으로 남겨두어야 할 것이다. 우리의 시간은 모두 신이 주관하는 일이지만 현재 우리가 쓰고 있는 시간은 우리가 임의대로 조절할 수 있는 우리 몫이라는 사실을 늘 염두에 두어야 할 것이다.

크리스틴 드 스웨드, 〈잠언집〉

우리는 우리에게 주어진 시간들을 생의 마지막 순간까지 잘 활용해야 할 것이다.

크리스틴 드 스웨드, 〈잠언집〉

시간이 걸리는 일은 유용한 일이다.

그라시앙, 〈조신〉

♥

일을 빨리 처리하는 능력은 행운의 여신이 당신에게 부여해 준 커다란 선물이다. 이러한 사람은 늘 많은 일을 빠른 시간 안에 소화해 낸다. 그리고 다음날까지 자신이 해야 할 일을 남겨두는 법이 없다. 아우구스투스 황제가 다음과 같이 이에 어울리는 말을 남긴 바 있다. "급할수록 천천히 해라."

그라시앙, 〈조신〉

♥

허둥지둥 정신 없는 인생을 살아서는 안 될 것이다. 자신의 시간을 잘 나누어 쓸 줄 아는 사람은 자신의 인생을 즐길 줄 아는 사람이다. 그러나 늘 자신이 해야 할 일에 쫓겨 사는 사람들은 자신이 하는 일에 만족감을 느낄 수 없다. 따라서 이들에겐 행복이란 말도 생소할 수밖에 없다. 이를 누릴 시간이 없기에. 조금이라도 여유가 생길 때면 그들은 다시 뒤로 주춤거리며 바빠지기를 바란다.

우리 모두는 말이 달리고 있는 중에도 더욱 성급히 몰아대는 마부와 같이 조급하게 인생을 살아가고 있다. 그리고 말이 살아가는 데 필요한 모든 양의 음식물을 단 하루에 섭취하기를 바란다. 또한, 자신의 인생에서 맛볼 수 있는 모든 행복감을 미리 음미해 보기를 원한다. 이는 여러 해를 거쳐 먹어야 할 나이를 한꺼번에 먹으려는 것 같다.

자신이 하는 일을 완전하게 처리하기 위해선 절제할 줄 아는 미덕을 쌓아가야 할 것이다. 앞으로 당신이 스스로 헤쳐나가야 할 일은 당신 앞에 수없이 많이 남겨져 있다. 그러니 당신이 해야 할 일을 신속히 처리하되 늘 여유를 가져야 할 것이다. 이미 완전히 종결된 일 앞에서 허무감을 느끼기보다는 하나하나 완성해 가며 만족감을 느끼는 편이 당신에게 훨씬 유익할 것이다.

그라시앙, 〈조신〉

자신에게 주어진 시간을 제대로 활용하지 못하는 사람들은 늘 시간이 너무 부족하다고 불평을 해댄다. 입고 먹고 잠자고 헛된 잡담을 하며 주어진 시간을 다 탕진해 버리고 정작 자신이 해야 할 일은 하나도 제대로 처리하지 못하는 이들은 늘 자신의 일을 제대로 처리할 시간과 여유가 없다고 투덜거린다. 그러나 주어진 시간을 효율적으로 잘 관리하는 이는 이와 정반대로 늘 여유로움을 만끽하며 만족감을 느낀다.
몹시 바쁜 장관이 하루에 두 시간씩 자신의 시간을 낭비하는 일은 결코 없을 것이다. 그가 바라는 인생의 목표는 크게 성공하는 것이기에. 그러나 다른 사람들과 비교하여 자신이 더 큰 불행을 감수하고 있는 것이라 느낀다면 그는 사람들이 갈구하는 위치에 있으면서도 늘 끝도 없는 불행 속에서 살아가야 할 것이다.

라 브뤼에르, 〈인물론〉

♥

현실만이 진실하고 유용한 것이다. 현실에 충실한 시간은 우리의 존재를 그 근거로 삼는다. 따라서 이는 우리의 환영을 받아 마땅할 것이다. 우리는 그 가치를 충분히 인정해야 할 것이며 현실의 모든 고통이나 충돌 상황을 극복해 나가야 할 것이다. 즉, 이미 무너져버린 기대감이나 미래에 대한 불안으로 우리의 얼굴을 우울하게 하는 혼란을 야기시키는 일이 있어서는 안 될 것이란 말이다. 미래에 대한 불안이나 우울한 과거 때문에 현재의 자신을 힘들게 하는 이만큼 어리석은 이가 또 있겠는가!

쇼펜하우어, 〈지혜로운 삶에 대한 격언〉

현실에 존재하는 모든 상황이나 실존하는 것들은 매우 급속히 나타났다가 사라져 버린다는 사실을 숙고하라. 현실에 실존해 있는 것들은 영원히 흐르는 강과 같이 끊임없이 변화한다. 이들은 수천 번의 변화를 거듭한다. 모든 것이 자취도 없이 사라져 버리는 과거와 미래의 끝도 없는 심연 속에서 그대로 머물러 있는 것은 하나도 없다. 그러니 아무리 의기 양양했던 이라도 자신을 혼란에 빠뜨리는 소용돌이 속에 존재하는 시간이나 대상 앞에서 번민하고 괴로워하지 않을 수 있겠는가?

마르쿠스 아우렐리우스, 〈명상록〉

인간은 모두 매우 순간적인 현재의 시간을 살아간다. 그리고 늘 매우 불확실한 것 속에 머물러 있다. 살아갈 날은 매우 짧다. 우리가 살아갈 곳 또한 매우 한정되어 있다. 따라서 죽은 후에 받게 될 영광의 순간 역시 짧을 수밖에 없는 것이다.

마르쿠스 아우렐리우스, 〈명상록〉

♥

현재 살아가고 있는 이 순간은 결코 붙잡아 둘 수 없다. 매우 먼 미래같이 보이던 순간도 빠르게 흘러 우리 앞을 지나가 버린다. 그리하여 너무 빨리 지나가 버리는 이러한 순간을 멈추게 하고 싶은 충동을 느끼기도 한다. 그러나 너무도 경솔한 우리는 우리에게 속해 있는 것들을 소중히 여기지 못하는 실수를 늘 반복한다. 또, 너무도 허영심이 많은 우리는 대수롭지 않은 것을 꿈꾸며 우리에게 있는 것들로부터 경솔하게 도망쳐 버린다. 우리에게 상처를 주는 것은 늘 현재의 순간들이다. 때문에 우리는 아픔을 주는 현실로부터 도망치려 한다. 그러나 현실이 늘 기쁨만을 안겨준다면 우리는 사라져 가는 현실을 못내 아쉬워 할 것이다. 우리는 늘 앞으로 일어날 일에 대해 미리 걱정을 한다. 그리고 자신의 능력 밖의 것이라고 생각되는 것들을 어떠한 확신감도 없는 한 순간에 정리해 버리려 한다.
인간의 머리 속은 늘 과거와 미래에 대한 생각으로 가득하다. 그리고 현재에 대한 생각은 거의 하지 않는다. 현재에 대해 생각할 때는 미래를 처분할 생각에 눈이 멀어 있을 때뿐이다. 현재는 결코 우리의 목표가 되지 못한다. 과거와 현재가 우리의 수단이라면 미래는 우리의 유일한 목표라 할 수 있을 것이다. 그 결과, 우리는 현재에 머물러 있지 못하고 늘 앞으로 살아갈 날을 꿈꾼다. 그러니 늘 행복만을 꿈꾸는 우리가 행복해지지 못하는 것은 너무도 당연한 일이 아니겠는가?

파스칼, 〈팡세〉

RAPPELS BIOGRAPHIQUES

인명록

아리스토텔레스

기원전 384년에 태어난 그리스 철학자. 플라톤의 제자이자 알렉산드르 대왕의 스승이었다. 그의 철학은 합리주의와 경험주의를 바탕으로 하고 있다. 그가 남긴 작품으로는 『니코마크에 관한 윤리학서』, 『동물 이야기』, 『자연학』 등이 있다. 기원전 322년에 에비아 섬에서 생을 마감했다.

상포르

본명은 세바스티앙 로슈 니콜라스로 1740년에 태어났다. 매우 신랄한 도덕주의자였던 그는 사교적이면서도 매우 염세적인 성격의 소유자였다. 따라서 그의 작품에는 신랄한 문체가 주를 이루었으며 이는 그의 작품인 『잠언집』에 잘 나타나 있다. 공포 정치에 큰 불만을 가지고 있던 그는 프랑스 대혁명에 큰 관심을 보여 여러 번 감옥 생활을 하다 1794년에 자살했다.

마담 뒤 샤틀레

1706년에 태어난 에밀 뒤 샤틀레는 매우 박식하고 열정적인 후작 부인이었다. 볼테르의 스승이었던 그녀는 그와 오랫동안 감상적이고도 정신적인 관계를 유지했다. 그녀가 남긴 작품인 『행복에 관한 담화』 속에는 자신의 경험에 바탕을 둔 행복한 삶과 관련된 교훈이 담겨 있다. 1749년 생을 마감했다.

크리스틴 드 스웨드

귀스타브 2세 왕의 딸로 1626년에 태어났다. 그녀의 아버지는 그녀에게 나라를 통치할 준비를 시키기 위해 매우 엄격하고 단호한 교육을 시켰다. 정치 권력에 염증을 느낀 그녀는 왕위를 물려받은 지 6년 만에 그녀의 자리를 다른 이에게 물려주고 독실한 기독교인으로 전향했다. 라 로슈푸코의 열렬한 숭배자였던 그녀는 그의 작품에 영감을 받아 『잠언집』을 썼다.

공자

기원전 555년경에 태어난 중국의 철학자로 중국 문화에 지대한 영향력을 끼쳤다. 그의 교시는 도덕주의와 미덕과 절제에 근거를 두고 있다. 그가 우리에게 주는 교훈에 대해 그의 제자들이 기록해 둔 작품으로 『논어』가 있다.

마르셀린 데보르드 발모르

1786년 두에에서 태어난 그녀는 19세기를 주름 잡는 위대한 시인들 중 한 명이었다. 그녀는 아이들과 시에 관련된 문학 작품을 쓰는 데 전념했다. 그녀의 슬프고도 정제된 문체 속에는 사랑에 대한 고통과 슬픔과 경애심이 깃들어 있다. 그녀가 쓴 시 중에는 발표되지 않은 것도 많다. 1859년 네 명의 아이들을 잃은 후 그녀도 생을 마감했다.

에픽테토스

기원전 50년, 소아시아에서 태어나 로마에 노예로 끌려갔다. 스토아 학파의 신봉자였던 그에 관한 다음과 같은 유명한 일화가 있다. 그의 주인이 그에게 고통을 주기 위해 다리를 비틀었다. 그러자 에픽테토스가 이렇게 말했다. "당신이 내 다리를 부러뜨리고 말 거야." 그리고는 그가 말한 대로 되자 이렇게 덧붙여 말했다. "내가 그럴 거라고 말했잖소?" 그는 훗날 자유로운 몸이 되어서도 매우 가난한 삶을 살았다. 그가 남긴 작품으로는 『에픽테토스 개론』과 『담화』 등이 있으며 125년에서 130년 경 사이에 생을 마감했다.

에피쿠로스

에피쿠로스 학파를 집대성한 그리스 철학자. 기원전 341년에 태어났다. 306년에 자르댕이란 학습의 장을 만들어 쾌락에 대한 개념과 삶의 방식에 근거한 자신의 사상을 가르쳤다. 그가 쓴 대부분의 작품은 거의 남아 있지 않으며 현재 남아 있는 작품은 세 개의 편지밖에 없다. 『헤로

도트에 보내는 편지』, 『메네세에 보내는 편지』, 『피토클레스에 보내는 편지』가 그것이다. 기원전 270년, 우리 나이로 70세에 생을 마감했다.

이솝

기원전 7세기경에 태어난 그리스 우화 작가. 전설적이고도 불가사의한 생을 살았다. 노예의 몸에서 해방된 그는 근동과 아테네와 코린트, 그리고 델포이를 여행한 후 암살되었다. 그의 유명한 우화 작품들은 유럽과 아랍 문학에 영감을 불어넣어 주었다. 그는 짤막한 이야기에 인간이나 동물과 관련된 장면을 제기하고 그에 따른 교훈을 제시한 작품을 썼다. 퐁텐느는 이러한 그의 작품에서 영감을 받아 자신의 작품을 쓰는 데 많은 도움을 받았다.

칼릴 지브란

1883년에 태어난 레바논의 시인이자 화가. 파리와 보스턴에서 공부를 한 후, 1904년 아랍의 한 일간지에 그가 살고 있던 뉴욕에서 이미 발표된 자신의 시를 실었다. 그가 그린 수많은 회화 작품들은 그의 책 속에 담겨졌다. 그의 작품인 『광인』, 『예언자』에는 그의 그림과 함께 심오하고도 간결한 그의 철학이 깃들여져 있다. 1931년 생을 마감했다.

그라시앙

17세기 초(1601년), 에스파냐에서 태어난 발타자 그라시앙은 신앙심이 두터운 도덕학자로서 성서를 가르쳤다. 인간의 미묘한 본성에 정통해 있던 그는 도덕주의와 인간과 관련된 잠언과 회고록을 그 내용으로 하고 있는 『조신』을 집필했다. 1658년 생을 마감했다.

헤시오도스

기원전 8세기 말의 서사시인. 그가 남긴 작품으로는 『일과 인생』이 있다.

카얌

1050년경에 태어난 페르시아 학자이자 시인이었던 오마 카얌은 학술지와 시적인 작품을 많이 남겼다. 특히 대수학 개론을 써 페르시아 역법에 크게 이바지하였다. 쾌락주의와 회의주의의 색채가 짙은 그의 수많은 시들은 19세기 전반에 오랫동안 퍼져 있었다. 1123년 생을 마감했다.

라 브뤼에르

1645년에 파리에서 태어난 장 드 브뤼에르는 부세의 소개로 콩데 왕의 손자를 가르치는 일을 맡았다. 귀족들의 사교 모임에 자주 갔던 그는 그곳에서 받은 영감을 바탕으로 하여 그의 유명한 작품인 『인물론』을 발표하게 되었다. 이 작품은 그의 신랄하고 노골적인 비판적 견해가 주를 이루고 있다. 1693년에 아카데미 프랑세즈의 회원이 되었으며 1696년에 생을 마감했다.

노자

기원전 570년경에 태어난 중국 철학자로 도교의 창시자 중 한 사람이다. 그의 철학은 불간섭주의와 자연의 섭리를 받아들이는 것을 기본으로 하는 것이었다. 그는 또한 미덕과 행복의 길로 이르는 문제에 지대한 관심을 보였다. 사생활에 대해 알려진 것은 거의 없다. 그가 남긴 작품 또한 『도덕경』 하나뿐이다. 기원전 490년경에 생을 마감했다.

라 로슈푸코

1613년에 태어난 작가요 도덕학자였던 프랑수아 드 라 로슈푸코는 리슐리외 재상에게 반기를 들어 바스티유 감옥에 투옥되었다가 푸아투로 추방되었다. 사면을 받아 돌아온 이후로 조정에 자주 드나들며 궁정인들과 만남을 자주 가졌으며, 1658년경에 『잠언집』을 썼다. 이 작품 속에는 사회에 대한 염세주의적 성향과 에고이즘이 널리 퍼져 있다. 1680년 생을 마감하는 마지막 순간까지 글을 썼다.

마르쿠스 아우렐리우스

로마의 황제이자 철학자로 기원전 121년에 태어났다. 앙토닝 황제가 죽자 그 뒤를 이어 황제가 된 그는 파르티아와 게르마니아와의 잦은 전쟁으로 매우 힘든 통치를 하게 되었다. 스토아 철학의 대가인 그는 생을 마감하기 전에『명상록』을 남겼다. 이 작품은 훗날 고대 스토아 철학의 가장 훌륭한 증거물 중의 하나가 되었다.

몽테뉴

프랑스의 철학자이자 수필가. 상업을 하는 신흥 귀족 집안에서 태어나 최고법원의 재판관을 역임하기도 했다. 그가 남긴 작품으로는 외국 여행을 많이 한 감상과 논고가 들어 있는 3권 107장으로 구성된『명상록』이 있다.

니체

독일의 철학자. 프레드릭 니체는 루터교파를 받아들였다. 바그너의 친구였던 그는 스무 살 무렵에 철학에 눈을 뜨게 되어 발 대학의 교수가 되었다. 그의 다양하고 수많은 저서 중 널리 알려진 것으로 다음과 같은 작품들이 있다.『선악의 피안』,『인간적인, 너무나 인간적인』,『짜라투스트라는 이렇게 말했다』,『우상의 황혼』 등. 1900년 매독으로 사망했다.

라이너 마리아 릴케

1875년 프라그에서 태어난 시인이자 소설가. 인생의 대부분을 여행과 글을 쓰며 보냈다. 1903년에서 1908년 사이에 프랑츠 자비에 카퓌스의 숭배자들 중 한 명과 주고받은 편지를 바탕으로 쓰여진 시적인 수필집『젊은 시인에게 보내는 편지』는 그가 생을 마감한 후 3년 만에 발표되었다. 1926년 스위스에서 생을 마감했다.

쇼펜하우어

독일의 철학자. 1788년 단치히에서 태어나 심오한 염세주의에 빠져 은둔 생활을 하였다. 칸트의 비판 철학을 능가하는 작품을 써내려 갔던 그의 작품 속에는 사회에 대한 비판과 내적인 풍요로움이 가득했다. 『의지와 표상으로서의 세계』는 그의 작품 중에 정수를 이루는 작품이다. 1860년에 생을 마감했다.

세네카

로마의 철학자인 그는 기사 집안에서 태어나 스토아 학파를 연구하는 데 전념하였다. 정치에도 관여하여 명성을 날리기도 했다. 그가 남긴 작품으로는 『섭리론』, 『부동심론』, 『분노론』, 『자애론』, 『은혜론』, 『도덕 서한집』 등이 있다.

오스카 와일드

1854년에 태어난 영국 작가. 그는 유년 시절부터 이상야릇한 옷을 입고 다녀 세인들의 관심을 샀다. 그가 쓴 시를 실은 『예술을 위한 예술』은 런던에서 급속히 유명해져 살롱과 같은 사교 모임에도 자주 드나들게 되었다. 대표 작품인 『도리안 그레이의 초상』은 바로 이때 쓴 작품이다. 동성애자로 몰려 징역을 선고받기도 했다. 1900년 생을 마감했다. 그의 사상과 견해를 담고 있는 『잠언집』은 그가 죽은 지 4년 만에 발표되었다.